인간과 실존

열 개의 키워드로 읽는『존재와 시간』

인간과 실존
열 개의 키워드로 읽는 『존재와 시간』

초판 1쇄 인쇄 2021년 5월 24일
초판 1쇄 발행 2021년 5월 31일

지 은 이 이유택
펴 낸 이 신일희
펴 낸 곳 계명대학교 출판부
출판등록 제347-1998-1호(1970. 9. 1)
주 소 대구광역시 달서구 달구벌대로 1095
대표전화 053-580-6233
팩 스 053-580-6235
홈페이지 www.kmupress.com

ISBN 979-11-6516-078-4 93160 정가 13,000원

인간과 실존

열 개의 키워드로 읽는 『존재와 시간』

이 유 택

계명대학교 출판부

서문

Preface

『니코마코스 윤리학』에 대한 책을 쓰면서 J. O. 엄슨은 이런 말을 남겼다. "이 책은 텍스트를 일일이 검토하기보다는 아리스토텔레스 사상의 전체적인 맥락을 분명하게 밝히려고 시도하고 있다. 이것은 아리스토텔레스 자신의 작품을 대신하려는 것이 아니라, 그것을 읽는 사람들에게 도움을 주기 위해서이다. 아리스토텔레스의 작품을 쉽게 읽도록 만드는 방법은 없지만, 그의 작품은 그렇게 만들려는 노력을 할 만한 가치가 있다."[1)]

그렇다. 필자가 이 책을 쓰려고 했던 것도 하이데거의 『존재와 시간』을 읽는 사람들에게 작으나마 어떤 도움을

---

1) J. O. 엄슨, 『아리스토텔레스의 윤리학』, 장영란 옮김, 서광사, 1996, 8쪽.

주고 싶었기 때문이다. 이러한 바람은 몇 년 전 연구실로 걸려온 동료 교수님의 한 통의 전화에서 시작되었다. 용건은 간단했다. 『존재와 시간』을 함께 읽어보자는 것이었다. 그렇게 시작된 강독 모임이 거의 2년 넘게 지속되었고 점차 나는 『존재와 시간』의 핵심 내용을 좀 더 알기 쉽게 전달할 수 있는 책을 한 권 쓰고 싶어졌다.

잘 알려져 있다시피 『존재와 시간』(1927)은 하이데거 철학의 정수가 담긴 주저 혹은 기본서이다. 이 책은 난해하기로 정평이 나 있다. 이 난해함의 일차적 원인은 하이데거가 독자에게 보여 주고자 하는 철학적 사태 자체의 심오함에 있겠지만, 그에 못잖게 큰 원인은 하이데거 자신의 독특한 언어구사에 있다. 『존재와 시간』에서 하이데거는 서양 철학의 오랜 주제를 다루면서도 이천 년 이상 사용되어 온, 그래서 친숙하고 익숙한 철학적 개념들을 애써 멀리한다. 그래서 하이데거의 언어는 독자들에게 한편으로는 새롭고 신선하지만, 다른 한편으로는 매우 낯설고 불편하게 다가온다.

예컨대 『존재와 시간』에서 하이데거는 서양 철학의 영원한 주제 가운데 하나인 인간과 그의 존재방식을 다루면서도 인간이라는 표현 대신 굳이 다자인(Dasein)이라는 말을 사용한다. 독일말로 Da는 영어의 There에 해당한다. 인간은 Dasein(Being-there), 거기-있음('거기'의 존재')이라는 것이다. 이러한 명명이 단순한 말장난이 아니라, 그 안에 인간을 이성적 동물(사유존재)로 보는 서양 철학의 전통적인 이해방식에 대한 통렬한 비판이 담겨 있음은 두말할 나위가 없다. 인간을 이성(사유)과의 연관성 속에서만 봐야 한다는 고정관념에서 벗어나라는 요구가 '다자인'이라는 말 속에 담겨 있는 것이다.

『존재와 시간』은 이렇게 이해된 인간, 즉 '여기'도 '저기'도 아닌 '거기'에 존재하는 자로서의 인간(현존재)의 독특한 존재방식 - 혹은 전통 철학의 표현을 쓰자면 '본질' - 을 실존(Existenz)으로 규정하고 그것의 존재론적인 의미와 구조를 분석하고 있는 책이다. 『존재와 시간』이라는 책 제목이 말해 주듯이 인간(현존재)의 본질로서의 실존의 의미 혹은 "실존의 진리"(Wahrheit der Existenz,

221)[2]는 바로 '시간'이다. 그래서 책 제목도 '존재와 비존재', '존재와 무' 혹은 '존재와 공간'이 아니라, 바로 '존재와 시간'이다. 인간 존재의 근원적인 의미를 시간의 지평 위에서 해명해 보겠다는 하이데거의 의도가 제목 안에 오롯이 담겨 있는 것이다.

『존재와 시간』은 크게 두 부분으로 구성되어 있다. 전반부(1부)는 '분석'이고, 후반부(2부)는 '종합'이다. 분석은 잘게 나누는 것이고, 종합은 그렇게 나눈 것들을 다시 합치는 것이다. 아니, 합친다기보다는 하나로 '꿴다'고 하는 것이 더 정확한 표현이다. 여러 개로 나눈 것들을 하나로 꿰기 위해서는 '실'이 필요하다. 존재의 구조를 여러 요소로 나눈 다음(1부) 이렇게 나눈 개별 요소들을 2부에서 하나로 꿰기 위해 하이데거가 마련한 실은 바로 '시간'이다. 이 역시 책의 제목이 왜 『존재와 시간』일 수밖에 없는지를 잘 설명해 준다.

---

2) 괄호 안의 숫자는 『존재와 시간』(M. Heidegger, *Sein und Zeit*, 17. Aufl., Tübingen, 1993.) 쪽수를 가리킨다. 『존재와 시간』 인용과 관련하여 필자가 세운 원칙은 세 가지다. 첫째, 직접인용은 가능한 한 최소화 한다. 둘째, 번역은 원칙적으로 필자 자신이 하되, 필요할 경우 국내 기존 번역서도 참고한다. 셋째, 중요한 핵심 개념은 원어를 괄호 속에 병기하되, 꼭 필요한 경우를 제외하고는 자제한다.

이 책을 쓰는 내내 필자가 잊지 않으려 노력한 것은 장황하지 말자는 것이었다. 방대함을 자랑하지 말고 최대한 간결하자는 것이었다. 왜냐하면 『존재와 시간』은 그 자체로 충분히 방대하고, 충분히 복잡하기 때문이다. 그래서 이 책을 읽는 데 드는 독자의 시간과 수고를 최대한 줄이고 싶었다. 물론 이러한 의도가 얼마나 달성됐는지는 미지수이지만, 적어도 필자는 이 책을 쓰는 내내 그 점을 잊지 않고자 노력했다.

모든 텍스트는 길을 가진다. 소설과 영화에 이야기의 길이 있다면, 철학책에는 사유의 길이 있다. 그 길을 따라가지 않고서 한 작품을 제대로 이해할 수는 없다. 『존재와 시간』도 마찬가지이다. 『존재와 시간』이라는 텍스트를 이해하려면 그 안에 들어 있는 사유의 길을 따라 가야 한다. 그래서 이 책은 『존재와 시간』에서 하이데거가 걸어 간 사유의 길을 열 개의 키워드(존재물음, 현존재, 세계, 함께-있음, 안에-있음, 염려, 죽음, 양심, 시간성, 역사성)로 압축하여 보여주고자 한다.[3)]

---

3) 열 개의 키워드 선정은 『존재와 시간』의 흐름을 따라가면서 자연스럽게 이루어졌다. 키워드의 해당 부분을 밝히면 다음과 같다. 존재물음(§§1~8), 현존재(§§9~11), 세계(§§12~24), 함께-있음(§§25~27), 안에-있음(§§28~38), 염려(§§39~44), 죽음(§§45~53), 양심(§§54~66),

이 책의 집필이 어려움에 봉착할 때마다 필자는 『존재와 시간』 강독 모임을 떠올렸다. 비록 지금은 이런저런 이유로 중단된 상태이지만, 언젠가는 모임이 다시 이어질 수도 있지 않을까 한다. 이 자리를 빌려 당시 모임에 참여했던 모든 분들께 고마운 마음을 전하고 싶다.

아울러 출판팀의 여러 직원 선생님들께도 감사를 드린다. 특히 최상근 선생님의 전문가적 식견과 조언이 없었더라면, 이 책의 탄생은 결코 가능할 수 없었을 것이다.

2021년 4월

성서캠퍼스에서

이유택

시간성(§§67~71), 역사성(§§72~83)

차례

Contents

2. 현존재

3. 세계

4. 함께-있음

5. 안에-있음

6. 염려

7. 죽음

8. 양심

9. 시간성

10. 역사성

『존재와 시간』 이후

1.1. 존재망각의 역사

1.2. 존재이해와 존재물음

1.3. 존재물음의 필요성

1.4. 존재에 대한 선입견들

1.5. 존재물음의 구조

Chapter 1
존재물음

01.

존재물음

1.1. 존재망각의 역사

우리가 살아가고 있는 이 시대를 특징짓는 표현이 한둘은 아닐 것이다. 그러나 '기술 시대' 만큼 이 시대를 적절하게 표현해 주는 것이 있을까? 이 시대와 인류의 과거사를 가장 뚜렷하게 구별하게 해주는 것으로 '기술'만 한 것은 없어 보인다. 또한 첨단 '기술'을 가능케 하는 것이 '과학'이라면 이 시대는 '과학의 시대'이기도 하며, '철학이 죽어가는' 시대이기도 하다.

서양 철학의 역사를 쇠퇴의 과정으로 이해했던 대표적인 철학자가 바로 마르틴 하이데거(Martin Heidegger,

1889-1976)다. 고대 그리스에서 탄생한 철학이 근본적으로는 형이상학 내지 존재신학이었으며, 독일 관념론에서 정점에 달했다가, 마르크스와 니체에 의해 전도(顚倒)를 경험한 뒤, 기술 시대에 이르러 결국 종말을 고했다고 보는 하이데거의 관점에 동의하지 않을 사람들은 많다. 하지만 이들조차도 오늘날 철학이 처한 심각한 상황을 보고 있노라면, '철학의 죽음'에 대한 하이데거의 예언을 저절로 떠올리게 되지 않을까?

그러나 여기서 우리가 기억해야 할 것은 하이데거가 말하는 철학의 죽음이 형이상학으로서의 철학의 죽음일 뿐이라는 사실이다. 아울러 하이데거가 강조하듯이 형이상학의 종말은 단순한 '소멸'이 아니라, 오히려 그것이 정점에 도달했다는 의미에서 '완결' 혹은 '완성'을 의미한다는 사실도 기억해야 한다. 형이상학이 종말을 고한 지금 이 순간에도 형이상학은 계속해서 은밀하게 위력을 발하고 있다. 형이상학의 종말이 앞으로 얼마나 더 그 긴 그림자를 드리울지 우리는 알지 못한다. 현대가 형이상학이 죽어가는 시대인 것은 분명한 사실이지만, 우리는 여전히 형이상학적 사유방식 안에 머물러 있다.

각설하고! 누가 뭐래도 하이데거의 철학적 사유의 화두는 '존재'(Das Sein, The Being)이다. 하이데거는 시종일관 존재에 대해서 묻는다. 존재의 '의미'가 되었든, 존재의 '진리'가 되었든 그의 철학적 물음의 한복판에는 언제나 '존재'가 자리 잡고 있다. 그런데 주지하다시피 하이데거가 존재에 대한 물음을 던지기 전에도 존재는 서양 철학의 역사에서 언제나 탐구 혹은 물음의 대상이었다. 그렇다면 하이데거의 존재물음과 전통 철학의 형이상학적 존재물음은 서로 어떻게 다른 것일까? 사실 두 존재물음의 근본적 '다름'과 '차이'에 대한 설명은 하이데거 자신에게도 커다란 철학적 과제였다. 자신의 존재물음이 전통적인 형이상학적 존재물음과 동일한 것으로 오해될지도 모른다는 사실을 하이데거는 누구보다 잘 알고 있었고, 심지어 일종의 두려움을 느끼고 있었기 때문이다.

사정이 이렇기에 하이데거는 자신의 존재물음과 전통 형이상학의 존재물음의 차이에 대한 설명에 많은 시간과 지면을 할애했다. 그의 견해에 따르면, 자신의 존재물음을 전통 형이상학의 존재물음과 같은 것으로 오해하는 것은, 전통 형이상학의 편에 서서 자신의 존재물음을 바라보기 때문이다. 즉 형이상학적인 사유방식에 사로잡힌 상태에서, 존재가 언제나 그 어떤 지시대상을 가져야 한다고 생각하는 한, '하이데거의 존재물음 역시 형이상학적 존재물음과 별로 다를 게 없다'고 생각하기 마련이라는 것이다.

전통 형이상학에서 존재는 언제나 존재자를 존재하게 하는 것, 즉 일종의 원인을 의미했다. 하이데거가 보기에 형이상학의 창시자인 플라톤과 아리스토텔레스는 물론이고, 형이상학의 완성자인 셸링과 헤겔, 심지어 형이상학에 대한 가장 강력한 비판과 파괴를 수행한 마르크스와 니체에게 있어서조차도 존재는 언제나 존재자 일반의 존재근거 내지 존재원인을 의미했다. 이러한 주장의 정당성을 확보하기 위해서 하이데거는 틈만 나면 강의와 저술을 통해서 이들의 형이상학적 사유의 근저에 놓여 있는 존재이해의 한계를 드러내고자 했다. 하이데거에게 플라톤부터 니체에 이르는 장구한 철학의 역사는, 존재를 존재자의 관점에서 묻는 형이상학적 존재물음의 역사이며, 이러한 형이상학적 존재물음이 '존재자로서의 존재자'의 의미와 근거를 묻는 한, 즉 '존재 자체'가 아니라 '존재자 자체'를 문제 삼는 한, 사실은 '존재망각의 역사'이다.[4] 하이데거의 철학적 주저인 『존재와 시간』은 바로 이러한 '존재망각의 역사'를 극복하기 위한 노력의 산물이다. 그렇다면 『존재와 시간』에서 하이데거가 던지는 존재물음과 전통철학의

---

4) 전통 철학은 그것이 존재론(Ontologie)으로 불리건, 형이상학(Metaphysik)으로 불리건 존재자를 존재자로서 존재하게 하는 근거 혹은 원인의 관점에서 문제시하는 한 근본적으로는 전혀 다를 바 없다. 또한 이러한 근거 혹은 원인이 신으로 불리는 한, - 적어도 하이데거가 보기에 - 전통 철학은 일종의 신학, 즉 존재신학(Onto-theologie)이다.

형이상학적 존재물음 사이에는 어떤 차이가 놓여 있는가?

1.2. 존재이해와 존재물음

『존재와 시간』에서 하이데거는 존재자는 무엇인가?라고 묻지 않는다. 오히려 하이데거는 '존재한다(있다)'는 사실 자체의 의미를 묻는다. 어떤 있는 것(존재자)의 있음 자체의 의미를 묻는다. 하이데거가 묻고자 하는 것은 단순히 '존재'(있음)라고 하는 말의 의미가 아니라, '존재'라고 하는 말로 우리가 무엇을 이해하고 있는가이다. 어떤 것이 '있다'라고 할 때 그 말 아래에서 우리가 무엇을 염두에 두고 있느냐 하는 것이다. 그러나 이런 설명은 곧장 우리를 엄청난 혼란에 빠뜨린다. '있음'(존재) 그 자체는 어떤 식으로 있는 것인가? '존재'의 의미를 묻는다는 것은, 우리가 제아무리 노력해도, 그것도 어떤 식으로든 어떤 '존재하는 것'(존재자)으로 만드는 것이 아닌가? 만일 존재가 아무런 지시체를 가지지 않은 것이고, 그 어떤 존재자도 아니라면, 존재는 단순한 문법적 연계사에 불과한 것은 아닌가?[5)]

5) 실제로 칸트는 존재를 이러한 '연계사'(Copula)로 보았다.

하이데거의 존재사유는 우리가 존재물음의 출발선상에서 느끼는 이러한 혼란을 무시하지 않는다. 오히려 이러한 혼란이야말로 그의 철학적 사유의 출발점이다. 순전히 문법적 관점에서 보자면 '존재'는 명사가 아니라 동사, 그것도 조동사에 불과하다. 그러나 다시 한 번 말하거니와 하이데거가 묻고자 하는 존재의 '의미'는 그것의 단순한 낱말 뜻이 아니다. 하이데거는 존재라는 낱말의 여러 가지 의미에 어떤 하나의 의미를 더 보태고자 하는 것이 아니다. 존재의 의미에 대한 물음에서 '의미'라는 말의 의미는, 단순한 낱말 뜻 이상을 가리킨다. 예컨대 다음과 같이 묻는 경우를 생각해 보자. "이 모든 계획은 도대체 어떤 의미를 가지고 있는가?" 이 문장에서의 '의미'라는 말은 '계획'이라는 말의 단순한 언어적 의미 이상을 품고 있다. 저렇게 묻는 사람에게 중요한 것은, 계획이라는 낱말의 단순한 뜻이 아니라, 수립된 계획 안에 담겨 있는 의도와 같은 것을 파악하는 것이다.

이와 마찬가지로 우리가 '인생의 의미'에 대해 말할 때도 우리는 인생이라는 한 낱말의 낱말 뜻이 아니라, 그것의 가치 혹은 목적과 같은 것을 문제 삼고 있는 것이다. 즉 여기서 문제 되는 '의미'는 그것으로부터 어떤 것에 대한 이해가 가능해지는 근거와 같은 것, 인간의 삶을 '인간다운' 삶으로 이해할 수 있게 해주는 것, 인간의 삶이 그것으로부터 가치를 부여받고, '인간다운' 삶으로 성립하게 되는 바로 그것을 말한다. '계획의 의미'에서도 '의미'는 일종의 '목적'과 같은 것이다. 그 목적으로부터 계획은 계획일 수 있게 되고, 계획에 대한 이해가 가능하게 된다. 이렇게 놓고 볼 때 『존재와 시간』에서 하이데거가 문제 삼는 '존재의 의미' 역시 존재에 대한 이해가 그것으로부터 가능해지는 바, 바로 그것에 대한 물음인 것이다. 도대체 어떤 것이 우리가 존재와 같은 것을 이해할 수 있도록 해 주는가? 그 이해를 통해서 존재에 대한 물음을 명시적으로 던질 수 있도록 해 주는가? 하이데거는 바로 그것을 '존재의 의미'라고 부르는 것이다.

존재는 언제나 이미 어떤 식으로든 이해되어 있다. 존재에 대한 이러한 선행적 이해는 존재 자체의 본질에 속한다. 이 사실을 전통 형이상학도 이미 알고 있었다. 그래서 플라톤과 아리스토텔레스도 존재는 우리가 무엇인가에 대해서 생각할 때 언제나 이미 미리 생각하고 있는 것이라고 규정했다. 존재가 이렇게 미리 생각된 것으로서 선행하고 있기 때문에 어떤 것(존재자)에 대한 우리의 생각 자체가 가능한 것이다. 우리가 어떤 것을 생각할 때, 우리는 이미 그것이 어떤 식으로든 존재하고 있는 것임을 알고 있고, 그러한 앎이 우리의 생각에 수반되어 있는 것이다. 다시 말해서 우리가 존재자를 생각할 때 그에 앞서 존재가 언제나 이미 생각, 즉 이해되어 있는 것이다. 이런 의미에서 아퀴나스도 존재는 어떤 식으로든 이미 이해되어 있는 것이라고 말한다. 이러한 앞선 존재이해는 매우 불투명하고 불분명한 것이긴 하지만, 사고를 포함한 모든 우리의 행위의 근저에 놓여 있다. 이러한 선행적 존재이해가 없다면, 모든 존재자는 우리에게 닫혀 있고, 심지어 우리 자신조차 우리에게 닫혀 있어서, 서로 아무런 관계도 맺을 수 없게 될 것이다. 단적으로 말해서 근원적인 존재이해가 선행하지 않는다면, 자기 자신에 대한 어떤 이해도 불가능할 것이다. 이런 의미에서 존재이해는 모든 자기이해의 존재론적 가능 조건이다.

여기서 어떤 물음이 제기될지는 불을 보듯 뻔하다. 그것은 바로 이러한 근원적이고 선행적인 존재이해가 도대체 어디에서 비롯되는가 하는 것이다. 도대체 무엇이 존재를 이해 가능한 것으로 만드는가? 이것이 바로 하이데거가 그토록 절박하게 제기했던 물음, 즉 존재의 의미에 대한 물음(Die Frage nach dem Sinn von Sein)이다. 존재의 의미에 대한 물음은 그것이 존재이해 자체의 가능성 자체를 향하고 있는 한, 전통 형이상학의 물음과는 본질적으로 다른 것이다. 존재의 의미에 대한 물음은 존재이해의 가능성에 대한 물음이자, 존재이해가 인간에게서 이루어지는 한, 인간의 본질에 대한 물음이기도 하다.

1.3. 존재물음의 필요성

『존재와 시간』의 서론은 크게 두 개의 부분으로 나뉘어 있다. 앞부분은 존재물음, 즉 존재의 의미에 대한 물음이 왜 반드시 제기되어야만 하는가(존재물음의 필연성), 존재물음이 어떤 구조로 되어 있는가(존재물음의 구조), 존재물음이 얼마나 중요한 철학적 의미를 지니고 있는가(존재물음의 탁월성)에 대한 해명을 목표로 한다. 뒷부분은 존재물음을 제대로 제기하기 위해서는 어떤 방법론을 채택해야 하는가(존재물음의 방법론), 존재물음이 어떤 절차를 밟아서 진행되어 나가게 되는가(존재물음의 방향과 흐름)를 밝힌다.

그런데 『존재와 시간』의 독자들이 맨 처음 접하는 것은 플라톤의 대화편인 『소피스트』에 나오는 한 구절의 인용이다. "왜냐하면 존재한다는 표현을 쓸 때 여러분이 원래 의미하려고 하는 것을 여러분은 이미 오래 전부터 알고 있음이 분명하기 때문이다. 우리도 전에는 그것을 이해한다고 믿었다. 그러나 지금 우리는 당혹감에 빠져 있다." 사실 하이데거가 왜 이 구절을 인용했느냐 하는 것을 추측하기란 별로 어렵지 않다. 『존재와 시간』의 목표는 우리가 이미 잘 알고 있다고 믿는 '존재' 즉 '있다'라는 말의 의미를 묻는 것이다. '있다'(있음)라는 말의 의미는 그 의미에 대한 물음이 필요하지 않을 정도로 자명해 보인다. 그 말을 사용하면서 누구도 어려움을 느끼지 않는다. 그 말을 하는 사람이나 듣는 사람이나 모두 그 의미를 알고 있다(고 믿는다). 그렇다면 하이데거는 도대체 왜 존재의 의미에 대한 물음이 제기되어야 한다고 주장하는가?

물론 하이데거도 우리가 '있다'라는 표현을 사용함에 있어서 아무런 어려움도 느끼지 못한다는 사실은 인정한다. 그러나 아무런 어려움도 느끼지 못한다는 사실, 바로 이것이야말로 - 하이데거의 생각에 의하면 - 우리가 존재물음을 제기해야 하는 이유이다. 그러나 우리는 여전히 하이데거에게 묻지 않을 수 없다. 도대체 우리는 왜 존재물음을 제기해야 하는가? 즉, 우리는 이미 존재(있음)의 의미에 대한 '앎'을 이미 가지고 있는데, 무엇 때문에 굳이 그 의미를 따져 물어야 한단 말인가?

이 물음에 대한 하이데거의 대답을 요약하면 이렇다. 『존재와 시간』이라는 책의 일차적 목표는 '존재'(있음)라는 말의 의미물음에 대한 대답을 제공하는 데 있지 않다. (서양철학의 전 역사를 통틀어 '존재물음'이 제대로 물어진 적이 한 번도 없다는 전제하에) 존재물음이 왜 제기되어야 하는지 그 이유를 밝히고, 그것(존재물음)이야말로 철학의 가장 근본적인 물음이라는 사실을 분명하게 보여주는 것이 바로 『존재와 시간』의 목표이다.

일반적으로 사람들은 말한다. 어떤 것에 대해 묻는다는 것은 그것에 대한 무지를 전제한다고. 그런데 정말로 아무것도 모르는 어떤 것에 대해서 - 더구나 자신의 무지를 자각하고 있지 못한 상태에서 - 물을 수 있는 것일까? 그렇지 않다. 우리가 어떤 것에 대한 물음을 던질 수 있기 위해서는 그것에 대해서 이미 어떤 앎 - 하이데거는 이 앎을 앞선 이해(前理解)라고 부른다 - 을 가지고 있어야 한다. 이 사실을 존재물음에 대입하면 이렇다. 우리가 존재의 의미에 대한 물음, 즉 존재물음을 던질 수 있기 위해서는 우리가 이미 존재의 의미에 대한 '이해'를 가지고 있어야 한다. 바로 이 존재이해가 존재물음을 가능하도록 해주는 것이다.

그렇다면 존재물음이 거기에서 나오는 이 존재이해란 무엇이며, 또 어떻게 가능한가? 하이데거에 의하면 존재이해는 '시간의 지평' 위에서만 가능하다. 존재(있음)라는 말 안에는 필연적으로 시간적 요소가 내재해 있다. 물론 우리는 아직 이 말이 무슨 뜻인지 알지 못한다. 왜냐하면 이것은 『존재와 시간』이 독자들에게 보여주고자 하는 '결론'이기 때문이다.[6)]

---

6) 결말을 미리 알고 영화를 보는 것이 별로인 것은 맞다. 그러나 독서는 영화감상보다는 여행에 가깝다. 여행의 목적지를 안다고 해서

1.4. 존재에 대한 선입견들

하이데거는 우선 고대 그리스에서 철학이 탄생한 이후 서양철학을 줄곧 지배해 온 '존재'에 대한 세 가지 선입견을 소개한다. 존재와 관련하여 첫 번째 선입견은 '존재는 가장 보편적인 개념이다', 두 번째 선입견은 '존재는 정의할 수 없다', 세 번째 선입견은 '존재는 자명하다'라는 것이다. 이처럼 세 가지 선입견에 사로잡혀 있었기에 기존의 서양철학은 존재물음을 제대로 던질 수 없었던 것이며, 바로 그렇기 때문에 존재물음을 지금에 이르러서 '다시' 던져야만 - 하이데거는 이러한 '반복'의 정당성과 필요성을 매우 강조한다 - 하는 것이다.

존재에 대한 세 가지 선입견들 중에서 존재물음의 제기와 관련하여 가장 중요한 것은 세 번째 선입견, 즉 '존재는 자명하다'이다. 존재가 이렇게 자명한 것으로 받아들여

여행을 포기할 사람은 없을 것이다. 왜냐하면 여행의 의미와 즐거움은 목적지에 도착하기까지의 여정에 있기 때문이다. 철학책을 읽는 것도 여행과 크게 다르지 않다. 그러므로 『존재와 시간』에서 하이데거가 독자를 데려가고자 하는 종착지가 어딘지를 안다고 해서 미리 실망할 필요는 전혀 없다. 지금 우리에게 가장 중요한 것은 존재의 의미가 시간이라는 사실(결론)을 직접 확인하기 위해 하이데거의 손을 잡고 함께 걸어가는 것이다.

져 왔다는 것은 인간이 "언제나 이미 어떤 존재이해 안에서 살아가고"(4) 있음을 의미하며, 이러한 존재이해야 말로 존재물음의 가능성의 근거이기 때문이다.

존재에 대한 전통철학의 선입견들 중 첫 번째, 즉 존재는 가장 보편적이라는 선입견에 의하면 존재보다 더 높은 곳에 자리 잡은 보편개념은 있지 않다. 존재라는 개념은 모든 것을 포괄한다. 그러나 존재라는 개념이 가지고 있는 이러한 보편성은 우리에게 잘 알려져 있는 유개념과는 다른 것이다. 동물이라는 유개념은 그 아래에 포유류와 파충류와 어류와 같은 다양한 종개념을 거느리고 있지만, 존재는 동물이라는 개념과 달리, 그 아래에 아무런 종도 가지지 않는, 매우 독특한 보편성을 특징으로 하기 때문이다.[7)]

존재에 대한 두 번째 선입견, 즉 '존재는 정의할 수 없다'는 선입견은 첫 번째 선입견과 관계한다. 전통철학이 늘 그래왔던 것처럼 정의를 가장 가까운 상위 유개념과 종차를 결합하는 규정으로 이해한다면[8)] 존재는 정의 불가

---

7) 존재의 이러한 보편성을 하이데거는 나중에 초월성이라는 말로 특징짓기도 한다.

8) 전통적으로 인간은 인간이라는 유개념과 그것의 상위개념인 동물, 동물과 인간의 종차인 이성을 통해 규정되어 왔다. 이런 식으로 인간은 늘 이성(종차)을 가진 동물(유개념)로서 정의되어 온 것이다. 물

능하다. 왜냐하면 존재가 이미 유개념이 아니라면 당연히 존재는 보다 높은 유개념으로부터 종차적 구분을 통해 규정 가능한 종개념도 아니기 때문이다. 존재는 도대체 그 어떤 존재자가 아니다. 그렇다면 '있다'(있음, 존재)라는 말은 무엇을 의미하는가?

바로 여기에 존재에 대한 세 번째 선입견의 근거가 자리 잡고 있다. 이 선입견은 오늘에 이르기까지 일반적으로 가장 현명한 해결책으로 인정받아 오고 있다. 존재의 의미는 자명하며, 따라서 그것에 대해서 물음을 던질 필요가 전혀 없다는 것이다. 그러나 이런 주장이 과연 옳은 것일까? 만일 이 주장대로 자명하다는 이유로 물음이 차단된다면, 철학이라는 학문은 설 자리를 잃고 말 것이다. 왜냐하면 모든 사람들이 자명하다는 이유로 - 그것은 상식이라는 이름

론 각 시대마다, 사람마다 종차는 다르게 이해되었고, 그럼으로써 인간에 대한 다양한 정의가 가능해지고 아울러 어떤 종차가 적합한지를 두고 늘 논쟁이 일었다. 인간은 말하는 동물일 수도 있고, 생각하고 회의하는 동물일 수도 있고, 웃고 울 수 있는 동물일 수도 있고, 노동하는 동물일 수도 있고, 신의 모상일 수도 있다. 하이데거는 이 가운데 어떤 특정한 정의도 선호하지 않는다. 그에게 문제는 인간의 본질을 이렇게 다양하게 규정하고 정의하는 태도 자체의 타당성과 그 가능성 자체이다. 하이데거에게 중요한 것은 이러한 물음이다. 종차를 이용하지 않고, 인간의 본질을 전혀 다른 방식으로, 좀 더 근원적으로 이해하고 규정할 수 있는 가능성은 없는가? 있다면 그것은 무엇인가?

으로 불릴 수도 있고, 전통적인 관습 혹은 관행이라는 이름으로 불릴 수도 있다 - 문제 삼지 않는 것에 대해서 용감하게 물음을 던지는 것이 바로 철학이기 때문이다.

1.5. 존재물음의 구조

존재(있음)의 의미에 대한 물음을 본격적으로 던지기에 앞서 하이데거는 그것의 형식적 구조를 설명한다. 존재물음은 세 가지 요소로 이루어져 있다. 물음의 내용(Das Gefragte), 물음의 대상(Das Befragte), 물음의 목표(Das Erfragte)가 그것이다.

물음의 내용(Das Gefragte)은 어떤 물음을 던질 때 그 물음이 묻는 바가 무엇이냐 하는 것이다. 존재물음이 묻는 것은 당연히 '존재'이다. 물음의 대상(Das Befragte)은 존재물음이 일차적으로 향하는 대상을 말한다. '존재'는 우리가 눈으로 볼 수도 없고, 만질 수도 없다. 하이데거가 누차 강조하듯이 존재는 존재자가 아니다. 그렇기 때문에 존재물음은 존재의 의미에 대한 앞선 이해를 가진 상태에서 물음을 던지는 존재자, 즉 '현존재'(인간)를 향한다. 물음의 목표(Das Erfragte)는 존재물음이 궁극적으로 겨냥하는 바가 무엇이냐 하는 것이다. 하나의 물음으로서 존재물음이 겨냥하는 목표는 존재의 '의미'이다. 존재의 의미는 - 나중에 밝혀지게 될 '목표'이자 '대답'으로서의 의미 - 바로 시간이다. 결국 『존재와 시간』은 현존재를 실마리 삼아 존재의 의미가 시간임을 증명해 나가는 과정의 기록인 셈이다.

하이데거에게 물음은 일종의 찾음이다. 무엇을 찾을 때 찾는 것과 실제로 찾아지는 것 - 이 양자가 반드시 일치한다는 보장은 없다 - 이 있듯이 물음도 이와 마찬가지이다. 이때 중요한 것은 우리가 찾는(묻는) 것을 어떤 식으로든 미리 알고 있지 않으면 아무것도 찾을(물을) 수 없다는 사실이다. 어떤 사람의 이름을 우리가 모르기 때문에 묻지만, 그가 이름을 가지고 있다는 사실, 그리고 이름의 의미가 무엇인지는 이미 알고 있어야만 한다. 그렇지 않으면 물음 제기 자체가 불가능하게 된다.

메스키르히의 하이데거 생가

Chapter 2
현존재

02.

현존재

2.1. 존재이해

우리는 언제나 이미 존재에 대해서 막연하게나마 어떤 이해를 가지고 있다. 존재에 대해 우리가 가지고 있는 이런 막연한 이해, 즉 존재이해(Seinsverständnis)가 선행하지 않는다면, 존재물음 자체가 가능할 수 없다. 존재이해는 물음을 던지는 자, 즉 인간이라는 존재자의 가장 큰 특징이다. 인간은 자기 자신의 존재에 대한 이해 안에서 존재의 의미를 묻는 유일한 존재자이다. 자신의 존재에 대한 이해를 결여하고 있는 동물은 존재물음을 던질 수 없고, 무한한 존재인 신은 존재물음을 던질 필요가 없다.

하이데거는 이렇게 존재에 대한 이해를 바탕으로 존재물음을 던지는 존재자, 즉 인간을 독일말로 다자인(Dasein)이라고 부른다.[9] 『존재와 시간』에서 존재물음은 그 물음을 던지는 존재자인 인간(현존재)이 자신의 존재 의미를 물어나가는 과정이다. 특히 『존재와 시간』 전반부에서 하이데거에게 중요한 것은, 존재의 의미에 대한 물음의 가능성 자체이다. 즉 존재의 의미가 시간임을 밝히기

---

9) 우리말로는 다자인을 '현존재'(現存在)라고 옮긴다. '나타난다', '밝다' 등의 뜻을 가진 한자어 '現'은 하이데거의 의도를 정확히 반영하기엔 부족함이 있지만 기존의 번역어가 워낙 널리 쓰이고 있으므로 여기서는 일단 따르기로 한다. 문맥상 인간이라는 표현이 더 적합할 경우에는 주저 없이 현존재라는 말 대신 '인간'이라는 말을 쓸 것이다. Dasein의 번역어에 대한 국내 연구자들의 제안들 중 주목할 만한 것으로는 '터-있음'과 '사이-존재'가 있다. 전자(터-있음)는 신상희의 제안이고, 후자(사이-존재)는 서동은의 제안이다. 두 사람이 밝히는 제안의 근거는 각각 이러하다. "하이데거에게서 Dasein이라는 용어는 '존재가 개방되어 있는 열린 영역에, 즉 존재개방성의 터전에 있음'을 가리킨다."(마르틴 하이데거, 『이정표1』, 신상희 옮김, 한길사, 2005, 135쪽, 역자 각주) "(...) Dasein에서 Da는 장소적 의미로 해석할 수도 있지만, 장소와 시간성을 포함한 시공(時空)의 의미에서 '사이에서'의 의미를 갖는다."(서동은, 「사이-존재(Dasein)로서의 인간」, 『현대유럽철학연구』, 제25집, 2011, 171-202, 177쪽.) 아울러 폰 헤르만의 설명도 Dasein 번역과 관련하여 참고할 만한 가치가 있다.(헤르만, F.-W. von, 신상희 옮김, 『하이데거의 「존재와 시간」을 찾아서』, 한길사, 1997, 41-44쪽.)

전에, 인간(현존재)이 존재의 의미에 대한 물음(존재물음)을 던지는 일이 도대체 어떻게 가능한가 하는 것을 먼저 고찰할 필요가 있다는 것이다.[10)]

존재의 의미를 묻는 자, 즉 인간(현존재)은 존재의 의미를 찾아 나선다. 찾는 자가 찾고자 하는 것(존재의미)은 숨어 있다. 그렇지 않다면 찾아나서는 일 자체가 불필요할 것이다. 그러나 - 앞에서도 말했듯이 - 존재물음은 그 물음을 던지는 자 자신(인간, 현존재)의 존재에서 출발하지 않을 수 없고, 자신의 존재에 대한 이해를 이미 가지고 있다. 이러한 존재이해가 없다면 존재물음은 아예 불가능하다. 이렇게 존재물음과 존재이해 사이에는 일종의 순환이 일어나고 있다. 존재물음은 '미지'의 존재를 찾아 나서지만, 동시에 존재에 대한 막연한 앎(이해)을 가지고 있다. 일반적으로 절대적 무지 상태에서는 그 어떤 물음도 불가능하다는 사실을 상기한다면, 존재물음과 존재이해 사이에서 일어나는 이 순환의 불가피성은 쉽게 이해된다.[11)] 사

---

10) 『존재와 시간』 1부는 그래서 '현존재에 대한 예비적 기초분석'이라는 제목을 달고 있다.

11) 말하자면 존재이해는 존재물음을 포함한 모든 "물음 일반의 가능성의 조건"이다.(John C. Maraldo, *Der hermeneutische Zirkel. Untersuchungen zu Schleiermacher, Dilthey und Heidegger*, Freiburg/München

실 어떤 찾음을 가능케 하는 것은 찾는 자가 찾고자 하는 바로 그것 아니겠는가?

2.2. 기초존재론

그렇다면 존재물음은 도대체 왜 제기되어야만 하는 것일까? 모든 물음이 그렇듯이 존재물음 역시 반드시 던져져야만 할 이유란 없는 게 아닐까? 존재물음의 필요성 내지 필연성을 묻는 이 물음에 대한 하이데거의 대답은 개별과학이 심각한 위기에 빠져있기 때문이라는 것이다. 개별과학은 그것이 세상에 끼치는 막대한 영향력에 비해 - 적어도 하이데거가 보기에는 - 근본적인 취약성을 가지고 있다. 이 취약성은 과학적 탐구의 토대인 근본개념의 취약성에서 비롯된다. 모든 과학적 탐구는 근본개념들의 토대 위에서 진행됨에도 불구하고, 과학은 이 근본개념 자체를 문제 삼지 않는다. 예컨대 물리학은 공간과 시간, 물질과 운동이라는 근본개념, 생물학은 생명, 사회학은 사회와 같은 근본개념에 대한 근원적인 물음을 제기하지 않는

1974, 89쪽.)

다. 그저 이 근본개념들을 전제하고 있을 뿐이다. 철학, 특히 존재론은 바로 이 근본개념들의 토대를 묻는다.

하이데거는 자신의 존재론을 기초존재론이라고 부른다. 개별과학이 전제하는 근본개념들의 토대를 존재론이 문제 삼지만, 자신은 바로 그 존재론의 토대 자체를 문제 삼겠다는 것이다. 기초존재론의 과제는 존재자의 존재에 대한 물음을 제기함으로써 "존재의 여러 가지 가능한 방식들에 대한 비연역적, 비구성적 계보학"(9)을 정립하는 데 놓여 있다.

기초존재론(Fundamentalontologie)의 정립을 위해서는 존재이해를 특징으로 하는 존재자, 즉 현존재(인간)의 존재에 대한 분석이 필요하다. 현존재의 가장 큰 특징은 바로 그가 존재이해를 가지고 있다는 사실에 놓여 있다. 하이데거의 표현을 빌리자면, "현존재의 존재적(ontisch) 탁월성은 그가 존재론적으로(ontologisch) 존재한다는 사실에 놓여 있다."(12) 존재이해를 바탕으로 존재의 의미에 대한 물음을 던질 수 있다는 사실, 이것이야말로 인간이라는 존재자의 가장 큰 특징이자, 그가 가진 탁월성의 근거라는 것이다.

인간만이 존재를 이해하고 그것의 의미에 대한 물음을 던질 수 있다. 이러한 방식의 존재를 일컬어 하이데거는 '존재론적으로' 존재한다고 한다. 인간이 존재물음의 실마리 역할을 할 수 있는 것은 바로 인간만이 가지고 있는 이러한 존재방식 때문이다. 하이데거는 인간 특유의 이러한 존재방식(존재이해를 바탕으로 존재의미를 문제 삼으면서, 그것에 대한 물음을 던지는 존재방식)을 일컬어 실존(Existenz)이라고 한다. 현존재는 언제나 자기 자신의 존재를 문제 삼는 방식으로 존재한다. 나는 누구인가? 나는 왜 존재하는가? 나는 어떻게 존재해야 하는가? 이런 물음은 던지고 싶지 않다고 해서 던지지 않을 수 있는 그런 물음이 아니다. 인간이 인간인 한 이 물음은 피할 수 없다. 즉 실존은 인간의 근본적인 존재방식 - 전통적인 개념을 써서 말하자면 인간의 '본질' - 이다.

실존은 현존재만의 고유한 존재방식이다. 실존의 방식으로 존재하는 것은 오직 현존재(인간)뿐이다. 물론 실존이라는 개념은 아직 명확하지 않다. 그것의 의미와 구조에 대한 분석, 즉 실존분석은 『존재와 시간』의 위대한 업적에 속한다. '실존'이라는 개념의 구체적인 의미는 - 앞으로 그것에 대한 분석이 과제인 바 - 아직 베일에 가려 있다. 하이데거는 '실존적'(existenziell)과 '실존론적'(existenzial)을 구분하여 사용한다. 어떤 급박한 상황에서 우리는 종종 '실존적' 결단을 내리곤 한다. 이때 문제되는 것은 우리가 직면한 실제 상황이다. 이에 반해 '실존론적'은 우리 자신의 존재방식(실존)에 대한 철학적 이해와 관계한다. 물론 자기 자신의 존재방식에 대한 실존론적(철학적) 관심을 가지기 위해서는 종종 실존적 결단이 필요하다. 왜냐하면 '실존적'과는 달리 '실존론적'은 현존재 자신의 존재인 '실존'의 의미와 구조에 대한 철학적 관심인 것이고, 이러한 관심은 오직 - 지금 이 책을 읽는 독자처럼 - 소수에게만 허용되기 때문이다.

『존재와 시간』에서 이루어지는 실존분석은 현존재의 고유한 존재방식인 실존의 구조연관 - 하이데거는 이것을 '실존론성'(Existenzialität)이라고 부른다 - 의 해명을 지향한다. 『존재와 시간』에서 전개되는 기초존재론은 결국 현존재의 실존에 대한 실존론적 분석이다.

2.3. 현상학적 해석학

실존분석의 대상은 인간, 즉 현존재이다. 존재적으로 현존재는 우리와 가장 가까이에 있다. 왜냐하면 현존재는 분석을 행하는 우리 자신이기 때문이다. 그러나 존재론적으로 볼 때 우리는 우리 자신으로부터 가장 멀리 떨어져 있다. 그렇다면 이처럼 가장 멀리 떨어져 있는 대상에 대한 탐구는 어떤 식으로 진행되어야 하는가?

실존분석의 방법론을 묻는 이 질문에 대한 하이데거

의 대답은 바로 현상학(Phänomenologie)이다. 오직 현상학적 기술(記述)만이 현존재를 "현존재 자체에 있어서 현존재 자체로부터 드러낼 수"(16) 있다. 존재의 의미에 대한 기초존재론적인 물음은 오직 현상학을 통해서만 가능하다는 하이데거의 믿음은 - 적어도 『존재와 시간』을 쓸 당시에는 - 확고한 것이었다. 왜냐하면 현상학적 방법을 통해서만 전통적인 존재론의 영향력에서 벗어날 수 있다고 믿었기 때문이다.

현상학은 '현상'(Phänomen)과 '학'(logos)의 합성어이다. 하이데거는 현상을 그리스어의 본래적 의미 그대로 이해한다. 현상은 열려있는 것, 즉 "자기 자신을 드러내는 것"(28)이다. 이런 식으로 이해된 현상은 어떤 것의 나타남(Erscheinung)과 구분되어야 한다. 나타남이 항상 숨어 있는 어떤 것이 나타난다는 의미에서 '의존적'이라면 현상은 '자립적'이다. 그 이면에 어떤 다른 것도 숨기지 않기 때문이다. 모든 나타남은 어떤 식으로든 은폐를 전제하기 마련이다. 어떤 것이 나타난다는 것은 "자기를 드러내지 않는"(29) 어떤 것이 존재함을 의미하기 때문이다. 이처럼 나타남을 통해 자기를 드러내는 것은 사실상 그 뒤에 숨어서 자기를 숨기고 있다. 숨어 있는 것이 '진짜'(본질)라면, 드러나는 것은 가짜 나타남, 즉 가상이다.

그러나 이러한 모든 가짜 나타남, 즉 가상(Schein)은 현상이 있기에 가능한 것이다. 현상이 있는 그대로 자기를 드러낼 때 비로소 단순한 가상과 본질의 구분도 가능하다. 자기를 있는 그대로 드러내는 현상만이 있는 그대로의 모습과는 다른 모습으로, 즉 가상으로 드러날 수 있기 때문이다. 나타남은 자신을 드러내지 않고 숨어 있는 어떤 것을 지시하지만, 현상은 그렇지 않다. 그러므로 모든 나타남은 현상이지만, 모든 현상이 나타남은 아니다. 가상, 즉 모든 형태의 위장과 거짓은, 그 안에서 무엇인가가 드러나고 있는 한, 즉 현상이 존재할 때 비로소 가능하다. 이런 의미에서 현상은 나타남의 존재론적 가능 조건이다.

로고스(logos)라는 그리스어의 근본 의미는 말(Rede)을 의미한다. 모든 다른 의미들, 즉 이성, 판단, 개념, 정의, 근거, 관계, 진리 등은 말의 양태로 간주될 수 있다. 로고스는 어떤 것을 보여 준다. 말은 말하고 있는 바로 그것을 보여 준다. 이때 말(로고스)은 참일 수도 거짓일 수도 있다. 말이 말하고 있는 어떤 것을 있는 그대로 드러낼 때, 즉 은폐 상태로부터 벗어나게 할 때, 그것은 참이다. 그에 반해서 말이 말하고 있는 어떤 것을 있는 그대로 드러내지 않고 은폐할 때, 즉 숨기고 가릴 때, 그것은 거짓이다.

이러한 의미의 현상학은 '스스로 드러나고 있는 것을 있는 그대로 보여주기'이다. 현상학은 현상이라는 특별한 대상을 자신의 탐구 영역으로 가지고 있는 학문을 의미하지 않는다. 수학은 '수', 심리학은 '심리', 물리학은 '물리'를 탐구 대상으로 가지는 학문이듯, 자신의 탐구 대상으로서의 어떤 특정 영역을 소유하고 있지 않다. 현상학은 어떤 특정 대상 영역에 대한 탐구라기보다는, 현상이 있는 그대로 드러날 수 있도록 하는 특정 '방법론'에 대한 이름이다.

현상학은 탐구 대상의 존재방식을 있는 그대로 기술함으로써 그것의 '현상'을 보여주고자 한다. 『존재와 시간』에서 이루어지는 현존재(인간)의 고유한 존재방식에 대한 탐구(기초존재론)는 이런 의미의 현상학을 통해서만 가능하다. 그런데 하이데거에 의하면 현상학은 언제나 이미 해석학적(hermeneutisch)이다. 왜냐하면 현상을 접하면서 우리는 우리가 언제나 이미 이해하고 있는 것, 즉 존재를 해석하고 있기 때문이다.

물론 여기서 말하는 해석은 정신과학적 방법을 의미하는 해석학의 해석에 비해 훨씬 더 심층적이다. 해석학은 하이데거에게 "실존의 실존론성에 대한 분석론"(38)을 의미한다. 전통적인 해석학은 이러한 의미의 해석학의 파생태이다. 그렇기에 하이데거는 자신이 이해하는 철학을 다음과 같이 규정한다. "철학은 현존재의 해석학에서 출발하는 보편적 현상학적 존재론이다. 현존재의 해석학은 실존의 분석론으로서 모든 철학적 물음의 실마리를 쥐고 있다. 즉 모든 철학적 물음은 현존재의 해석학에서 비롯되고 또 거기로 돌아간다."(35)

2.4. 파괴

하이데거의 존재사유가 방법론을 결여하고 있다고 말하는 사람들이 있다. 그나마 『존재와 시간』으로 대표되는 전기의 존재사유가 현상학적 해석학의 방법을 동원한 데 비해 후기의 존재사유로 갈수록 단순한 직관 혹은 지나친 어원분석에 매달린 나머지 거의 말장난 수준에 도달했다는 비난도 서슴지 않는다. 그러나 필자가 보기에 이것은 터무니없는 오해에 불과하다. 이런 오해가 발생하는 것은 하이데거가 시도한 존재사유와 전통 형이상학적 사유의 차이를 간과하기 때문이다.

하이데거가 행한 존재사유의 방법은 사유할 사태를 통해 결정된다. 『존재와 시간』에서 하이데거는 이 방법을 일컬어 파괴(Destruktion)라고 한다. 하이데거가 자신의 철학적 사유의 방법으로서 채택한 이 '파괴'는 그 말이 연상시키는 것과는 달리 단순한 때려부숨이나 폐기처분을 의미하지 않는다. 하이데거에게 파괴는 라틴어 destruere

의 원래 의미, 즉 해체를 의미한다. 그렇다면 해체로서의 파괴는 구체적으로 무엇을 의미하는가?

존재는 전통 형이상학에서도 근본주제였다. 형이상학의 역사가 진행되는 과정에서 존재는 여러 가지 방식으로 해석되었다. 그러나 이렇게 형이상학적으로 다양한 존재해석이 가능할 수 있기 위해서는, 존재는 어떤 식으로든 언제나 이미 이해되어 있어야만 한다. 모든 해석은 언제나 해석되는 것에 대한 이해를 전제하기 때문이다. 즉 존재가 이데아(플라톤), 에네르게이아(아리스토텔레스), 절대정신(헤겔), 동일자의 영원회귀로서의 생성(니체) 등 이런저런 방식으로 각 역사의 시기마다 다양하게 해석될 수 있기 위해서는, 존재가 언제나 이미 어떤 식으로든 이해되어 있어야 한다.

이로부터 하이데거의 고유한 사유 방법, 즉 파괴(해체)의 의미에 대한 설명이 가능해진다. 하이데거가 말하는 파괴는 형이상학의 역사를 가로질러 감으로써 존재의 의미를 새롭게 획득하려는 시도이다. 이러한 시도를 통해서 하이데거는 존재의 시원적 의미, 즉 기존의 모든 형이상학적 사유 안에 들어 있는 왜곡된 존재이해를 드러내고자 한다. 다시 말해서 하이데거의 새로운 존재사유는 전통 형이상학을 단순히 부정하거나 폐기처분하려 들지 않는다. 오히려 기존의 형이상학적 존재 해석의 근저에 놓여 있는 시원적인 존재 이해를 드러내어 보여주고자 한다.

2.5. 열려 있음

『존재와 시간』에서 세운 하이데거의 목표는 형이상학과는 다른 어떤 철학 이론 혹은 어떤 철학 체계의 수립이 아니다. 『존재와 시간』은 존재를 시간의 지평에서 규정하겠다는 궁극 목표를 달성하기 위한 예비 작업 혹은 준비라고 말할 수 있다. 말하자면 존재를 시간의 지평에서 규정하겠다는 최종 목표는 『존재와 시간』의 출간된 부분에서는 달성되지 못했다. 오늘날 우리가 『존재와 시간』이라는 제목의 책 안에서 접하는 내용은, 현존재의 존재에 대한 시간적 해석만을 다루고 있을 뿐이다. 현존재의 시간성 분석은 시간이 존재 이해의 지평임을 밝혀내는 데는 성공했지만, 존재 일반의 의미 자체에 대한 시간적 해석을 행하는 데까지는 나아가지 못했다. 바로 여기에 『존재와 시간』의 한계가 놓여 있다.

그럼에도 불구하고 『존재와 시간』이 가지는 방법론적 의미는 결코 작지 않다. 존재이해가 인간의 본질에 속한다는 사실은 의심할 여지가 없다. 이처럼 존재이해가 인간의 본질에 속하는 한 인간의 본질에 대한 물음은 하이데거의 존재사유의 출발점을 이루게 된다. 인간의 본질이 충분히 해명된다면, 그의 본질을 구성하고 있는 존재이해 역시 해명될 것이다. 다시 말해서 존재이해의 해명은 인간의 본질에 대한 올바른 규정을 가져올 것이다. 더욱이 존재이해 안에는 존재의 의미가 속해 있고, 그렇다면 존재이해의 해명은 존재의미의 해명도 가능하게 해 줄 것이다. 이것은 『존재와 시간』을 집필할 당시 하이데거가 믿어 의심치 않았던 사실이자, 그의 존재론적 사유의 출발점이었다.

요컨대 『존재와 시간』의 일차적인 과제는 인간, 즉 '현존재'라고 불리는 존재자의 존재를, 그의 존재이해를 실마리 삼아 분석하는 것이다. 현존재의 탁월함은 어떤 식으로든 언제나 자기 자신의 존재를 문제 삼는다는 사실에 존립한다. 즉 현존재는 다른 존재자와는 달리 자기 자신의 존재와 관계를 맺는다. 현존재 대신 인간이라는 표현을 써서 다시 말한다면, 인간은 언제나 자기 자신을 가능성으로서 인식하고 있다. 이러한 존재 가능성을 그는 스스로 자신의 것으로 붙잡을 수도 있고, 놓칠 수도 있다. 이를 하이데거는 인간은 자기 자신의 존재에 대해 '열려 있다'(erschlossen)고 표현한다. 물론 이러한 열려있음은 인간이 존재 일반에 대한 존재이해를 가지고 있기 때문에 가능한 것이다. 하이데거가 인간의 본질을 실존(Existenz)으로 규정할 때 그가 염두에 두고 있는 것은 바로 이러한 가능성으로서의 자기 자신에 대한 관계 맺음, 즉 '열려 있음'(개시성, Erschlossenheit)이다. 즉 『존재와 시간』에서 실존은 인간이라고 불리는 존재자의 특유한 존재방식을 가리키는 표현이다. '식물은 실존하지 않는다'는 것은 식물이 존재하지 않는다는 것이 아니다. 식물은 인간과 마찬가지로 존재하고 있다. 이 문장은 단지, 식물은 자기 자신을 이해하면서, 자기 자신의 존재와 관계를 맺는 방식으로 존재하지 않는다는 것을 말할 뿐이다. 식물도 인간처럼 살아 있고, 성장하지만, 자기 자신의 존재에 대해 열려 있지 않고, 닫혀 있다. 식물은 인간과는 달리 자기 자신의 존재를 이해하는 방식으로 존재하고 있지 않다.

2.6. 실존적, 실존론적

각각의 개별적 실존과 관계하는 이해를 일컬어 하이데거는 실존적(existenziell) 이해라고 한다. 이러한 이해는, 그가 인간으로 존재하는 한, 모든 인간에게 고유한 것이다. 반면에 실존 자체가 무엇인지를 규정하고 해석하는 것은 실존론적(existenzial) 이해의 차원에 속한다. 모든 인간은, 그가 인간으로 존재하는 한, 그가 원하건 원치 않건, 실존적 이해를 수행하고 있다. 하지만 그렇다고 해서 누구나 다 '실존론적' 이해의 방식으로 존재하는 것은 아니다. 실존론적 이해는 인간으로 존재한다고 해서 저절로 주어지는 것은 아니며, 일종의 '과제'로서 스스로 떠맡아야 하는 것이다. 이 세상 어느 누구도, 어떤 것도 우리에게 이러한 실존론적 이해의 존재 방식을 강요하지 않는다. 만일 실존론적 이해의 존재 방식이 철학함의 다른 이름이라고 한다면, 철학함은 인간의 가장 자유로운 결단의 소산인 것이다.

하이데거는 『존재와 시간』에서 행하는 자신의 사유를 일컬어 실존론적 분석이라고 한다. 이 실존론적 분석은 무엇을 의미하는가? 잘 알려져 있다시피 인간의 존재방식을 구성하고 있는 실존 자체의 여러 가지 계기들을 하이데거는 실존범주(Existenzialien)라고 부른다. 실존론적 분석은 인간의 본질, 즉 실존에 대한 해석을 통해 이러한 실존범주들을 규정해 내고, 그 구조를 해명하는 것이다. 실존의 여러 계기들로서의 실존범주에 대한 분석을 통해 실존의 실존론적 성격, 즉 실존의 본질로서의 실존론성(Existenzialität)의 의미와 구조 해명이 실존론적 분석의 목표인 것이다.

이렇게 해서 존재의 의미에 대한 물음은 그 첫 단계에 있어서는 실존론적 분석의 형태를 띠게 된다. 그 분석 대상이 인간의 실존범주인 한, 실존철학의 모습을 띠게 된다. 그러나 하이데거는 단순한 실존철학자 혹은 실존주의자가 아니다. 하이데거의 실존분석은 그 자체가 목적이 아니라, 존재 일반의 의미에 대한 물음을 던지고 그에 대한 대답을 얻기 위해 거쳐야 하는 길 혹은 방법에 지나지 않기 때문이다. 『존재와 시간』에서 전개된 실존분석은 존재의 의미 해명이라고 하는 궁극적인 목표 도달에 필요한 기초 혹은 토대(Fundament)라는 사실을 우리는 한시도 잊어서는 안 된다.

2.7. 본질과 실존

현존재라는 표현은 『존재와 시간』에서 두 가지 의미를 담고 있다. 현존재는 일단 인간이라는 존재자를 가리키는 개념이다. 그러나 현존재는 인간이라는 존재자의 고유한 존재방식을 가리키는 말이기도 하다. 그렇다면 인간의 고유한 존재방식을 지칭하는 말로서의 현존재는 구체적으로 무엇을 의미하는가? 도대체 인간만이 현존재라는 방식으로 존재한다는 것은 무엇을 의미하는가? 이 물음에 대한 하이데거의 대답은 바로 처해있음(Befindlichkeit)과 이해(Verstehen)이다. 처해있음과 이해는 인간의 근원적인 존재 방식으로서, 동전의 양면처럼 서로 불가분의 관계를 맺고 있다. 인간은 언제나 이미 일정한 상황 속에 처해 있으며, 이러한 상황 자체에 대한 이해 안에서 살아간다. 그리고 모든 이해는 언제나 일정한 상황 속에서, 일정한 기분 안에서 이루어진다.

이러한 의미의 현존재(인간)가 『존재와 시간』의 일차적 탐구 대상임은 의심의 여지가 없다. 좀 더 정확하게 말하자면 『존재와 시간』은 현존재의 특유한 존재방식인 실존에 대한 분석이다. 현존재는 실존한다. 즉 현존재는 자기에게 자기 자신의 존재가 문제되는 그러한 존재자이다. 이렇게 자기 자신의 존재를 문제 삼는 것, 즉 실존은 현존재의 '본질'이다. 이러한 존재방식(실존)을 본질로 하는 존재자는 현존재가 유일하다.

"현존재의 '본질'은 그의 실존에 놓여있다."(42)는 짧은 명제는, 현존재의 특징을 잘 보여 준다. 현존재에게 가장 큰 문제는 다름 아닌 자기 자신의 존재 자체, 자신이 존재하고 있다는 사실 자체이다. 이처럼 자기 자신의 존재에 대한 지대한 관심 속에서 자기를 문제 삼으면서 존재하는 방식을 일컬어 하이데거는 '실존'이라고 한다. 이렇게 이해된 실존은 - 하이데거가 현존재의 '본질'로 규정하고 있는 바 - 전통적인 의미의 실존 즉 어떤 것이 실제로 존재한다는 의미의 실존과는 전혀 다른 것이다.

하이데거는 자신에 의해 새롭게 파악된 실존 개념

과 전통적인 의미의 실존 개념(실재)을 구별하기 위해서, 전통적인 의미의 실존이 가지는 특징을 전재성(前在性)으로 표현하고, 현존재의 실존은 이러한 전재성과 무관함을 강조해 마지않는다. 즉 실존의 방식으로 존재하는 인간이라는 존재자는 사물과 달리 결코 전재적(前在的, vorhanden)이지 않다. 이런 점에서 인간과 사물은 근본적으로 다르다. 『존재와 시간』의 실존분석을 통해서 하이데거가 보여 주고자 하는 것은 바로 인간과 사물 간의 이러한 근본적 차이이고, 인간의 사물화 경향에 대한 경고이다.

인간은 사물처럼 전재적인 방식으로 존재하지 않는다. 전재적이지 않은 현존재(인간)는 대상화하기 힘들다. 현존재에 대한 탐구가 어려운 것은 바로 그 때문이다. 이러한 난점에도 불구하고 하이데거는 실존분석을 통해서 현존재의 실존구조를 드러낼 수 있다고 믿었고, 그는 이것을 - 사물의 범주인 카테고리와 구분하여 - 실존범주라고 부른다.

2.8. 실존의 각자성

현존재는 실존한다. 실존이라는 존재방식으로 존재하

는 존재자는 현존재(인간)가 유일하다. 현존재가 언제나 그것과 관계하며, 늘 우려하고 신경 쓰고 있는 바로 그것은 각자 자기 자신의 존재이다. 현존재의 존재는 "각각 나의 것"(41)이다. 현존재는 각자 자기만의 방식으로 존재하며, 오직 자기 자신에 대해서만 - 그것이 생각이든 고통이든 - 말할 수 있다는 사실은 너무도 당연해서 진부할 정도이다. 하지만 하이데거는 우리가 각자 자기 자신에 대해서만 말할 수 있다는 사실, 즉 '각자성'이 현존재의 실존분석에 대해 가지는 의미에 주목한다. 현존재가 각자 자기 자신으로 존재하며, 자신의 존재에 대해서만 말할 수 있다는 것은, 실존분석이 오직 현존재 '안에' 머물러 있어야 함을 의미한다. 즉 현존재의 실존에 대한 어떤 설명도 현존재 아닌 다른 것을 통해 '밖에서' 주어져서는 안 된다.

현존재는 철두철미 '각자' 실존한다. 즉 각자 자신의 고유한 가능성을 이해하고, 그것을 향하는 방식으로 존재한다. 우리는 도대체 우리 자신의 고유한 가능성 이외의 다른 것이 아니다. 그러나 이 가능성은 우리가 소유하고 있는 어떤 속성이 아니다. "현존재는 각자 자기의 가능성이지만, 이 가능성을 전재자처럼 단순히 속성으로 '소유'하고 있지는 않다."(42) 현존재와 가능성의 관계는 전통적인 의미의 실체와 속성의 관계처럼 이해될 수 없다. 왜냐하면 현존재와 가능성의 관계는 사과와 그것이 가진 속성

(모양, 색깔, 맛 등)의 관계가 아니기 때문이다. 가능성은 현존재의 속성이 아니라, 현존재 자신이다. 그렇기 때문에 하이데거는 현존재를 아예 '가능존재'라 부른다.

2.9. 본래적, 비본래적

가능존재로서 현존재의 실존은 두 가지 방식으로 나타난다. 자신의 고유한 가능성을 붙잡거나, 자신의 고유한 가능성을 놓치거나! 전자를 일컬어 하이데거는 본래적(eigentlich), 후자를 일컬어 비본래적(uneigentlich)이라고 한다. '본래적'과 '비본래적'은 『존재와 시간』 전체를 관통해서 나타나는 실존의 두 가지 양태이다. 여기서 하이데거가 말하는 '본래적'과 '비본래적'의 관계는 '도덕적'과 '비도덕적'의 관계가 아니다. 하이데거의 실존분석은 모든 가치판단을 배제하고, 현존재의 존재를 그의 '일상성'에 있어서 있는 그대로 기술하고자 할 뿐이다.[12] 이것이 바로

---

12) 필자는 하이데거가 『존재와 시간』에서 일종의 윤리학 - 예컨대 '본래성의 윤리학' - 을 전개했다는 식의 주장이야말로 하이데거의 철학적 의도와 목표를 왜곡시키는 가장 대표적인 오해 가운데 하나라고 본다. 이러한 윤리학적 오해는 『존재와 시간』에 대한 신학적 오해 및

앞에서 말한 '현상학적' 기술의 태도이다.

하이데거와 관련하여 이른바 '본래성의 윤리학'을 운운하는 것은 크게 두 가지 오류를 범하고 있다. 첫 번째 오류는 '본래성의 윤리학'이라는 표현은 이미 존재물음의 준비라는 과제와 관련하여 현존재가 수행해야 할 방법론적 역할에 대한 간과를 함축하고 있다. 그런데 현존재에 대한 실존론적 분석이 존재물음의 기초를 획득하기 위한 예비 작업이라는 사실에 대한 이러한 간과야말로 현존재 분석을 존재론이 아닌 인간학쯤으로 오해하도록 만드는 빌미를 제공하는 주범이다. 하이데거가 『존재와 시간』에서 현존재의 실존을 분석하는 것이 인간학이나 윤리학을 수립하기 위한 게 아니라, 존재 자체에 대한 물음을 제기하기 위한 것이라는 사실은 하이데거 연구자에게는 기초상식에 속하는 일이다.

두 번째 오류는 '본래성의 윤리학'이라는 표현 자체가

인간학적 오해와 함께 가장 흔하면서도 가장 치명적인 오해일 것이다. 그러나 이러한 사실로부터 하이데거의 철학 안에 들어 있는 '윤리학적 함의'를 읽어낼 수 없다는 주장이 도출되어 나올 수는 없다. 이 문제에 관해서는 졸고 참조. 이유택, 「하이데거의 전통윤리학 비판과 근원윤리학의 이념」, 『하이데거연구』, 제13집, 2006, 129-155쪽. 하이데거 철학을 윤리학의 관점에서 전반적으로 논의한 자료로는 박찬국, 『하이데거와 윤리학』, 철학과현실사, 2002. 참조.

이미 본래성과 비본래성의 구분에 대한 하이데거 자신의 이해로부터 크게 벗어나 있다는 점이다. 즉 하이데거에게 본래성과 비본래성은 실존의 두 가지 양태로서 현존재가 언제나 이미 취하고 있는 존재방식을 의미한다. '본래성의 윤리학'이라는 표현은 자칫 본래성은 윤리적인 데 반해 비본래성은 비윤리적이라는 식의 잘못된 이분법을 낳기 쉽다. 이런 식의 이분법이 하이데거의 원래 의도에서 얼마나 크게 벗어나 있느냐 하는 것은 『존재와 시간』을 읽어본 독자라면 누구나 그리 어렵지 않게 확인할 수 있는 사실이다. 『존재와 시간』에서 하이데거가 말하는 본래성은 결코 도덕성과 동일한 의미를 가지고 있지 않으며, 마찬가지로 비본래성 역시 비도덕성을 의미하지 않는다.

전통철학은 언제나 현존재의 일상성 혹은 비본래성을 간과해 왔다. 존재적으로 가장 가까운 것이 존재론적으로는 가장 멀다는 사실을 망각했기 때문이다. 현존재가 실존한다는 것은 자신의 존재에 대한 관심 속에서, 자기 자신을 늘 신경 쓰고 염려하는 방식으로 존재하는 것을 말한다. 현존재의 '본질'이 실존에 놓여 있기 때문에, 자신의 존재에 대한 무관심도 가능하다. 즉 현존재가 그 자체로 가능존재이기 때문에 자신의 고유한 가능성을 붙잡을 수도 있고, 놓칠 수도 있는 것이다. 일상성 속에서 살아가는 현존재는 자신의 고유한 가능성을 붙잡기보다는 차라리 그것을 놓아버리고자 하는 경향성을 띤다. 왜냐하면 현존재는 고유한 가능성의 선택을 통한 본래적 실존보다는, 타자의 존재 가능성에 대한 모방과 추종을 통한 '평균적' 실존을 선호하기 때문이다.

본래적으로 실존하는 현존재는 실존의 불안정성을 깊이 이해한다. 자신의 실존이 자기상실의 위험성에 늘 노출되어 있고, 본래성과 비본래성 사이에서 끊임없이 동요할 수밖에 없음을 솔직하게 인정한다. 이러한 동요를 제거하는 게 아니라, 오히려 그 안에서 자기 자신의 존재를 견지하려는 노력[13], 바로 그 안에 실존의 본래성이 존립함을 깊이 자각하고 있다.

2.10. 세계-내-존재

현존재의 존재에는 세계에 대한 관계가 속해 있다. 이

13) 물론 이러한 노력이 늘 성공하는 것은 아니기에, 본래적 실존은 일종의 이상 혹은 이념에 가깝다. 하이데거가 '현사실적 이상'에 대해 말하고 있는 것은 결코 우연이 아니다. "그러나 현존재의 실존에 대한 상기의 존재론적 해석에는 본래적 실존의 어떤 특정의 존재적 견해, 즉 현존재의 어떤 현사실적 이상이 놓여 있지는 않은가? [실제로] 그렇다."(310)

때 세계는 일반적으로 이해되듯이 인간과 사물의 총체가 아니라, 실존범주로 이해되어야 한다. 실존범주로서의 세계는 서로 복잡하게 연결되어 있는 이해관계들의 전체, 이해관계의 그물망을 의미한다. 이런저런 존재자와 인간의 만남은 이러한 이해의 관계망을 전제한다. 이런 이해의 관계망이 전체로서 미리 존재하지 않는다면 어떤 개별 존재자와의 만남도 불가능할 것이다. 또한 나 아닌 다른 현존재와의 만남도 불가능할 것이다. 이처럼 세계는 타자와의 모든 만남에 앞서, 환경세계(Umwelt)와 공동세계(Mitwelt)의 형태로 언제나 이미 주어져 있다. 다시 말해서 현존재는 고립된 자아로서 이 세상 안에 외딴 섬처럼 존재하는 게 아니라, 타 현존재, 타 사물과 함께 관계망으로서의 세계 안에 언제나 이미 '함께' 존재하고 있는 것이다.

이런 의미에서 하이데거는 현존재의 존재구성틀(Seinsverfassung)을 '세계-내-존재'(In-der-Welt-sein)로 규정한다. 따라서 '세계-내-존재'라는 표현은 인간의 관계적 성격에 대한 규정으로 이해되어야 한다. 이것은 인간이 세계라고 하는 하나의 커다란 상자나 그릇 안에 들어 있다는 얘기가 아니다. 이러한 사태를 설명하기 위해서 하이데거는 인간의 본질을 - 앞에서 언급한 바 있는 - '열려있음'으로 규정한다. 인간은 다른 존재자와는 달리 자기 자신의 존재에 대해서 언제나 이미 '열려 있는' 존재라는 것이다. 현존재라는 표현에서 '현'(Da)은 바로 이러한 '열려 있음'을 가리킨다. 이 열려있음의 공간은 특정한 '여기' 혹은 '저기'가 아니라, 딱히 어디라고 규정할 수 없는 존재론적 공간으로서의 '거기'(Da)를 말한다. 인간은 이런 의미에서 '거기' 안에, 아니, '거기'로서 실존하고 있다.

'실존'한다는 것은 각자 자신의 존재에 대한 관심 속에서 자기 자신과 관계한다는 것을 뜻한다. 하이데거는 이제 이러한 '형식적' 실존 개념에 담긴 구체적 내용을 드러내고자 한다. 실존의 의미와 구조를 분석하기 위해 하이데거는 '세계-내-존재'이라는 복합명사를 제시한다.

현존재는 언제나 이미 어떤 '세계'(Welt) 안에 존재하고 있다. 본질적으로 현존재는 세계-내-존재이다. 현존재를 이처럼 세계-내-존재로 규정하는, 일견 매우 평범해 보이는 시도 안에는, 전통철학과는 달리 인간의 본질을 더 이상 '이성' 혹은 '의식'과 관련시켜 이해하지 않겠다는 생각이 담겨있다. 아울러 인간을 더 이상 '주체'로 이해하지 않겠다는 철학적 의지의 표현이기도 하다. 인간은 '이성적 동물'이나, 자연이라는 객체와 마주 서 있는 '주체'가 아니라, 세계-내-존재로서 새롭게 이해되어야 한다는 것이다.

세계-내-존재라는 표현에 들어있는 연결선들이 말해주듯 여기서 문제되고 있는 것은 하나의 단일한 현상이다.

세계-내-존재를 구성하고 있는 각 계기들은, 분석을 위해 편의상 따로 구분할 수는 있겠지만, 세계-내-존재로서 현존재는 하나의 '전체'라는 사실을 항상 기억해야 한다. 이것은 마치 우리의 얼굴이 눈, 코, 귀, 입으로 구성되어 있는 것과 같다. 얼굴이라는 '전체'의 의미를 해명하기 위해서 그것을 이루고 있는 부분(눈, 코, 귀, 입)에 대한 분석과 그들이 맺고 있는 관계에 대한 이해가 필요하듯, 세계-내-존재 역시 각 구조계기에 대한 분석이 필요하다. 이것이 바로 『존재와 시간』에서 이루어지는 현존재의 실존분석이 세계-내-존재의 각 구조에 대한 분석의 형태로 진행되는 이유이다.

세계-내-존재 분석의 첫 번째 대상은 '세계'이고, 두 번째 대상은 그 안에 존재하는 자가 '누구'이며, 누구와 '함께 존재' 하느냐 하는 것이고, 세 번째 대상은 현존재가 세계 안에 실존한다고 할 때 그 '안에-있음'(內存, In-sein)이 존재론적으로 어떤 의미를 가지고 있느냐 하는 것이다.

하이데거가 말하는 '안에-있음'은 옷이 옷장에 들어 있거나 그림이 액자 안에 들어 있는 것처럼 현존재(인간)가 세계 안에 들어 있음을 의미하지 않는다. 또한 어떤 것과 어떤 것이 나란히 있거나 옆에 있음(竝存)을 의미하지도 않는다. '안에-있음'은 그 어떤 공간적 포함도 아니고, 병존도 아니다. 그렇다면 그것은 도대체 무엇이란 말인가? 하이데거가 말하는 현존재의 '안에-있음'은 어떤 사물이 어떤 텅 빈 공간에 담겨 있음이나 수평적 함께-있음이 아니라, 현존재가 세계 안에서 실존하면서 다른 존재자들과 맺는 다양한 관계를 가리킨다. 하이데거는 이러한 관계맺음의 방식을 일컬어 - 다른 현존재와의 관계맺음인 배려(Fürsorge)와 구분하여 - 고려(Besorge)라고 한다.[14)]

---

14) 'besorgen'이라는 독일어는 어떤 일을 처리하다, 무엇을 조달하다부터 시작하여 어떤 일이 잘못될까 걱정하고 신경 쓰다에 이르기까지 콕 집어 뜻을 말하기 힘들 만큼 다양한 의미를 가지고 사용된다. 그렇기 때문에 이 말을 특정 우리말로 옮기기란 불가능에 가깝다. 어떤 말로 옮기건 많은 의미가 소실될 수밖에 없고, 본의 아니게 의미를 제한함으로써, 원래 그 말이 가지고 있는 의미를 축소하거나 왜곡하는 일이 벌어질 수밖에 없다. 그러나 번역의 어려움이 있다는 이유로 포기할 수도 없는 노릇이기에 하이데거 연구자들은 배려 혹은 고려라는 번역어를 선택해 오고 있다.

Chapter 3
세계

03.

세계

3.1. 세계의 세계성

하이데거는 세계를 현존재 자신의 존재를 구성하는 하나의 계기로서 파악한다. 세계의 세계성을 다루는 장(『존재와 시간』 1부 3장(§§14-24))에서 하이데거는 현존재의 형식적인 근본구조 내지 틀인 세계-내-존재의 의미를 '세계'의 관점에서 구체적으로 분석한다. 물론 세계에 대한 이러한 분석은 앞에서 제시된 방법론인 현상학에 입각해서, 즉 철두철미 현상학적으로 이루어진다. 현상학자로서 하이데거에게 무엇보다 중요한 것은 탐구할 대상을 그 존재방식에 있어서 있는 그대로 기술하는 것, 다시 말해서 어떤 현상을 다른 어떤 것의 단순한 '나타남'으로 보지 않는 것이다. 즉 세계라는 현상을 그 자체 있는 그대로 기술하는 것이 무엇보다 중요하다.

그렇다면 세계란 무엇인가? 그 '안'에서 현존재가 실존하고 있는 이 세계는 외적 자연이 아니라면, 도대체 세계는 어디에 있는가? 우리는 세계라는 이 현상을 어디에서 어떻게 만날 수 있는가?

일반적으로 사람들은 자연과 정신을 서로 다른 영역으로 나누고, 세계를 자연의 일부로 이해한다. 예컨대 환경세계라는 말을 하면서 우리는 언제나 자연을 떠올리곤 한다. 이때 자연과 세계는 동일한 것으로 간주되어 버리고, 양자 간의 차이는 사라져 버린다. 하이데거는 우선 이처럼 자연과 세계를 동일시하는 태도, 그러한 동일시와 함께 사라져 버리는 차이에 주목한다.

하이데거에 의하면 세계에 대한 기존의 고찰은 세계라는 현상을 드러내는 데 실패했다. "세계 내부적 존재자에 대한 존재적 묘사도, 이 존재자의 존재에 대한 존재론적 해석도 그 자체로는 '세계'라는 현상 자체를 만나지 못한다."(64) 전통철학(특히 영역존재론)은 세계라는 현상 자체를 보여 주는 대신 그것을 여러 영역으로 나눈 다음, 그 아래에 동물과 식물의 존재방식을 나누고, 다시 하부 영역을 여러 가지 다양한 존재자의 존재방식으로 나눌 뿐이다. 혹은 모든 것을 자연과 정신의 두 영역으로 나눈 다음 결국에 가서는 둘 중 하나로 환원시켜 버리기도 한다. 하이데거에 따르면 그 어떤 것도 세계라는 현상을 보여주지 못한다.

그렇다면 하이데거는 세계를 무엇으로 이해하는가? 세계는 무엇으로 구성되어 있는가? 세계는 어떻게 우리에게 '전체로서' 주어지는가? 이 물음에 대답하기 위해서 하이데거는 세계라는 개념이 가지고 있는 다의적인 의미를 소개한 다음, '세계성'이 자신의 관심 대상임을 분명히 한다.

첫째, 세계는 존재자 전체를 가리킬 수 있다. 이것은 세계를 일종의 거대한 상자 혹은 그릇으로 간주하는 것이다. 그러나 존재자 전체가 곧 세계라는 현상은 아니다. 존재자 전체로서의 세계는 인간의 단순한 표상에 불과하다.

둘째, 세계는 문학과 예술의 세계 혹은 과학과 정치의 세계처럼 어떤 특정 영역을 의미할 수 있다. 이러한 의미의 세계는 첫 번째 의미의 세계처럼 단순하지는 않지만, 이것 역시 하이데거가 탐구하고자 하는 세계, 즉 현상학적 의미의 세계는 아니다.

셋째, 미래세대에게 물려줄 세계의 경우처럼 '삶'이 영위되는 장소로서의 세계이다.

넷째, 끝으로 세계성(Weltlichkeit)으로서의 세계이다. 세계 일반의 세계성으로서의 세계는 현존재 자신의 구조계기이다. 이런 의미의 세계만이 현상학적 탐구의 가능성을 허용한다.

하이데거가 말하고자 하는 세계는 세계성이다. 세계성으로서의 세계는 현존재의 존재양식을 가리킨다. 현존재는 '세계적으로' 존재한다. 현존재를 제외한 어떤 존재자도 세계라는 현상과 관계하지 않는다. "'세계적'(weltlich)이라는 표현은 술어적으로 현존재의 존재양식을 의미하며, '세계' 안에 존재하는 전재적 존재자의 존재양식을 의미하지 않는다."(65)

현존재가 실존하지 않는다면, 세계는 존재하지 않는다. 현존재 없이는 세계도 존재하지 않고, 세계와 관계하지 않는 현존재 또한 존재하지 않는다. 세계는 현존재와 따로 떨어져 존재하는 어떤 것이 아니라, 현존재 자신의 존재를 구성하는 한 계기이기 때문이다. "'세계'는 존재론적인 관점에서 볼 때 본질적으로 현존재가 아닌 존재자의 규정이 아니라, 현존재 자신의 한 성격이다."(64)

이러한 세계 현상은 전통 존재론에 의해서 늘 간과되고 은폐되어 왔다. 이러한 간과와 은폐의 주범은 바로 '자연'이다. 전통 존재론이 인간을 주체로서 이해하는 순간, 세계는 인간과 대립해서 인간과 상관없이 존재하는 것, 즉 자연으로 이해되고, 이때 자연은 존재하는 모든 것들의 총체와 같은 것으로 파악되었다. 이러한 자연 개념을 고수하는 한 세계(성)는 결코 이해될 수 없다. 하이데거는 그의 세계 분석을 통해서 세계를 자연으로 환원하는 것 역시 세계-내-존재로서의 현존재의 한 가능성일 뿐이라는 사실을 보여 주고자 한다. 물론 이러한 주장을 이해하기란 결코 쉽지 않지만, 인내심을 가지고 귀를 기울이면 하이데거가 말하고자 하는 바가 터무니없는 것만은 아니라는 사실을 알게 된다.

3.2. 전재성과 용재성

하이데거의 생각에 따르면 현존재가 세계 안에서 존재하는 일차적 방식은 '인식'이 아니다. 현존재의 일차적 존재방식은 인식이 아니라 실천이다. 하이데거가 말하는 이러한 '실천'은 세계 안에 존재하는 많은 존재자들과 다양한 관계를 맺는다는 말로 바꿔 쓸 수 있다. 하이데거는 이러한 실천적 관계맺음을 교섭(Umgang)이라고 부른다. 우리가 세계 안에서 어떤 존재자를 하나의 사물로서 만나게 될 수 있는 것도 이러한 근원적 교섭을 통해서이다. 즉 세계-내-존재로서의 현존재가 선행하지 않고서는 어떤 존재도 - 우리와 아무 관계도 없는 - 사물로서 존재할 수 없다. 말하자면 세계 안에서 이루어지는 대상인식은 그 인식에 앞서서 이루어지는 근원적인 실천(교섭, 관계맺음) 덕분인 것이다.

어떤 존재자를 이론적 탐구 대상으로 삼기 이전의 실천적 관계맺음은 매우 다양한 방식으로 이루어진다. 우리는 어떤 존재자를 어떤 목적을 위한 수단으로 사용할 수도 있고, 생각의 대상으로 삼을 수도 있다. 이렇게 현존재가 세계 내부적 존재자들과 관계 맺는 다양한 방식을 하이데거는 고려(Besorge)라는 말로 특징짓는다. 현존재는 세계 내부적 존재자들과 일차적으로 "고려의 방식으로"(67) 만난다는 것이다. 현상학적인 관점에서 볼 때 우리가 일차적으로 늘 관계하면서 살아가는 세계 내부적 존재자들은 이론적 사유나 관찰의 대상, 즉 사물로서가 아니라, 도구의 형태로 주어지기 때문이다.

내가 어떤 존재자와 관계를 맺든 그것은 이미 나에게 어떤 도구로, 예컨대 필기도구(연필), 이동도구(자전거), 제작도구(망치) 등으로 다가온다. 물론 나는 망치를 도구가 아닌 하나의 사물로 대할 수도 있다. 그러나 내가 망치를 하나의 사물로서 - 하이데거 특유의 표현을 빌려서 말하자면 - '주제화'한다면, 그 순간 나는 망치를 더 이상 도구로서 사용하는 게 아니다. 즉 나는 망치와 더 이상 실천적 교섭 상태에 있지 않게 된다. 다시 말해서 내가 망치를 들고 무엇인가를 하는 한(그것을 가지고 못을 박든, 호두

껍데기를 부수든), 나는 그것을 하나의 사물로서 주제화하고 있지 않다. 나는 망치를 하나의 사물이 아니라, 그것을 가지고 무엇인가를 행할 수 있는 하나의 도구로서 만나는 것이다.

이렇게 망치는 하나의 도구로서 그것보다 더 큰 실천적 맥락 속에 존재한다. 망치가 '부분'이라면, 망치가 그 안에서 망치로 존재할 수 있는 맥락은 '전체'이다. 망치는 이 전체 안에서만 망치일 수 있다. 이러한 전체 맥락 속에 있지 않다면, 망치는 하나의 도구로서 존재할 수 없다. 즉 망치가 도구 아닌 하나의 사물이 - 이론적 관찰 대상으로서의 사물 - 될 수 있기 위해서는 이 전체 맥락에서 벗어나야만 한다. 그렇기 때문에 하이데거는 강조한다. "엄밀하게 말해서 '하나의' 도구는 존재하지 않는다."(68) 왜냐하면 모든 도구는 언제나 다른 것을 위해 필요한 어떤 것이기 때문이다. 이러한 '~를 위하여'(um zu)가 바로 도구의 지시성이다. 도구연관, 즉 도구전체성 없이는 어떤 개별적인 도구도 존재할 수 없다.

여기서 하이데거는 도구의 존재론적 의미가 아니라, 일종의 발생론적 물음을 제기한다. 즉 도구가 무엇이냐고 묻는 대신 하이데거는 우리가 존재자를 도구로서 사용할 수 있다는 사실이 도대체 어떻게 가능한지를 묻는다. 즉 도대체 어떤 것을 도구로서 사용하는 일을 가능하게 하는 것이 무엇인지를 묻는다.

사물과 도구는 상이한 존재방식과 소여방식(주어짐의 방식)을 가지고 있다. 인식 작용 안에서 우리에게 주어지는 사물들은 우리 앞에 놓여 있음, 즉 전재성(前在性, Vorhandenheit)의 존재성격을 가진다. 반면에 우리가 사용하는 도구들은 사용가능성, 즉 용재성(用在性, Zuhandenheit)이라고 하는 존재성격을 가진다.[15] 전재성과 용재성은 서로 근거 지어지고 근거 지우는 관계, 즉 정초적 관계를 맺고 있다. "용재성은 존재자가 어떻게 '즉자적으로' 존재하는지에 대한 존재론적-범주적 규정이다."(71)

현존재가 세계 내부적 존재자와 맺고 있는 근원적인 관계, 즉 실천연관은 모든 대상성과 모든 사물성에 앞서 있다. 왜냐하면 대상성과 사물성은 한 존재자의 기능적 맥락으로부터의 단절에서 비롯되기 때문이다. 즉 우리가 망치를 망치로서 사용할 수 있는 것은 망치가 가지고 있는 이런 실천연관에 대한 앞선 이해 덕분이다.[16] 이처럼 전재

15) 도구와 관계하는 현존재 특유의 시각을 하이데거는 "배시"(둘러봄, Umsicht, 69)라고 부른다.

16) 자연은 - 하이데거의 실존론적 관점에서 볼 때 - 세계 영역의 일부이다. 그런데 사람들은 "[오직] 자연의 관점에서 세계를 해석"하기

성은 용재성의 바탕 위에서만 존재한다. 도구의 용재성은 존재론적으로 전재성에 앞서 있기 때문이다.

3.3. 지시와 기호

하나의 도구가 도구로서 사용될 수 있기 위해서는 도구연관 내지 도구전체와의 만남이 선행해야 한다. 즉 세계내부적 존재자와의 개별적 만남을 위해서는 세계라는 전체와의 만남이 선행해야 한다. 그렇다면 이제 우리는 이렇게 질문해야 한다. 도대체 어떻게 이 도구전체와의 앞선 만남이 가능한가? 도구전체로서의 세계는 언제 현상이 되는가?

이 물음에 대한 하이데거의 대답은 의외로 간단하다. 도구전체로서의 세계가 현상으로 우리 앞에 나타나는 것은, 즉 우리가 세계라는 현상과 만나게 되는 것은, 그것이 가지고 있는 지시적 성격에 어떤 장애가 발생할 때이다. 하나의 도구가 '도구로서' 나타나는 것은 그것이 있어야 할 자리에 없거나(분실), 다른 자리에 있을 때(이동), 혹은

일쑤다. 그때 세계성이라는 현상에 대한 "건너뜀"(간과), 즉 "세계의 탈세계화"(Entweltlichung der Welt)가 일어난다.(65)

그 기능을 발휘하지 못할 때(고장)이다.

어떤 도구의 고장이나 분실은 그 부재(不在)를 통해서 역설적으로 자신의 존재를 부각시키는 결과를 낳는다.[17] 도구의 이러한 고장이나 분실(이동)은 그것이 하나의 '사물'임을 보여준다. 고장이나 분실로 인해 우리가 느끼는 아쉬움이나 불편은 "도구적 존재자에게서 전재성의 성격이 나타나도록 하는 기능을 가진다."(74) 다시 말해서 도구의 고장을 통해서 그것이 가지고 있는 지시적 성격이 뚜렷이 드러난다. 즉 하나의 도구가 속해있는 도구전체가 그 고장을 통해 자신의 존재를 고지한다. "지시의 장애에서 (...) 지시가 오히려 분명해진다."(74)[18]

하이데거가 여기에서 '지시의 장애'라고 부르는 것은 시사하는 바가 크다. 어떤 것의 제작에 사용되는 도구가 갑자기 사라지거나 고장 나면, 제작행위는 중단되고, 그 도구의 존재(혹은 부재)를 새삼스럽게 의식하게 된다. "눈

17) 망치질을 하다가 손잡이가 부러졌을 경우, 책을 보려고 하는데 안경이 없을 경우를 생각해보라.

18) 이로써 세계-내-존재의 분석을 위해서 매우 중요한 사실이 확인되기에 이른다. 즉 세계-내-존재가 세계와의 관계성 속에서 이미 친숙해 있기 때문에, 관계의 장애가 가능하고, 그 장애를 통해서 비로소 기능연관에 대한 접근도 가능해지는 것이다.

에 띄지 않는 친숙함의 성격"(104)을 그 도구가 가지고 있었음을 깨닫게 되고, 새삼스럽게 그 도구의 부재를 의식하게 되는 것이다.[19] "어떤 용재자가 일상적으로 그 자리에 있었다는 것은 너무나 자명해서 우리는 그것에 대해 전혀 주목하지 않았지만, 그 용재자의 부재는 둘러봄에서 발견된 지시연관의 붕괴를 의미한다."(75)

어떤 것이든 너무 친숙하면 그 존재는 망각될 수밖에 없다. 어떤 것의 존재가 자명함과 친숙함 속에서 망각되지 않으려면 그것에 대한 거리두기가 필수적이다. 이러한 의식적 거리두기를 통해서만 그것의 고유한 존재가 친숙함과 자명함 속에서 망각되거나 소멸되지 않을 수 있다. 이렇듯 어떤 것(도구든 사람이든)의 존재에 대한 의식은 그것과의 관계에 단절이 발생했을 때 더욱 선명해진다.

우리가 세계(성)의 현상을 이해하고자 한다면, 지시라고 하는 현상이 도구전체의 연관에 대해 가지는 의미를 제대로 이해하지 않으면 안 된다. 지시의 성격을 가

---

19) 이것은 마치 어떤 사람과 늘 함께 있을 때는 그 사람의 존재를 의식하지 못하다가, 그 사람이 갑자기 떠나고 나서야 그 빈자리를 뼈저리게 느낀다거나, 평소 매우 건강하던 사람이 갑자기 아프게 되어 건강의 소중함, 즉 건강의 '존재'가 얼마나 중요한 것인지를 깨닫게 되는 것과 마찬가지이다.

장 분명하게 드러내는 도구가 있다면 그것은 바로 기호(Zeichen)이다. 기호의 가장 중요한 기능은 다름 아닌 지시이기 때문이다. 기호란 다른 것을 가리키기 위해 존재하는 도구 이외의 다른 것이 아니다.

기호의 기능, 즉 어떤 다른 것을 가리키는 것(지시)은 어떤 일정한 규칙에 의해 미리 결정되지 않는다. 기호의 의미는 오직 그것의 사용을 통해 결정될 뿐이다. 그렇기 때문에 우리가 어떤 기호를 지시를 위한 도구가 아니라, 단순한 사물로 바라보는 순간, 그 기호는 지시의 기능을 잃어버리게 된다. 하나의 기호가 단순한 사물로서 주제화될 경우 기호로서의 기능(지시)을 상실한다는 것은 결국 기호가 기호로서 존재할 수 있는 것은 오직 그것의 전체적 사용맥락 안에서만 가능하다는 사실을 의미한다.

이렇듯 세계는 용재자의 지시적 성격을 통해 발견된다. 현존재는 용재자의 전체인 세계와의 관계 속에서 자신을 해석한다. 이로써 세계는 현존재의 한 계기임이 밝혀진다. 현존재는 세계성 그 자체이다. 이러한 세계성은 세 가지 구조를 가진다. 첫째, 비주제적으로 만나는 존재자의 존재, 즉 용재성, 둘째, 규정 가능한 존재자의 존재, 즉 전재성, 셋째, 세계 내부적 존재자(용재자와 전재자)의 발견을 가능케 하는 세계성. 이때 세계성은 현존재 자신의 존재를 규정하고 있다.

3.4. 데카르트적 세계 비판

하이데거는 데카르트를 끌어들임으로써 세계에 대한 자신의 생각이 이전 철학자들과 얼마나 다른지를 보여주고자 한다. 데카르트에게 세계는 사물의 총체로서의 자연을 의미한다. 사물의 특징은 그것이 연장(延長)을 가진다는 데에 있다. 사물이 가지고 있는 모든 속성들(색깔, 무게, 딱딱함, 운동 등 사물 간의 구분을 가능케 해주는 속성들)을 제거할 수 있지만, 연장만큼은 불가능하다. 연장적이지 않은 사물은 그것에 대한 생각 자체가 불가능하다. 이런 이유로 데카르트는 세계(자연)의 본질을 연장으로 이해한다. 다시 말해 데카르트는 존재자의 존재를 실체로 이해한다.

실체는 전통 형이상학의 규정에 따르면, 존재하기 위해서 자기 아닌 어떤 다른 존재자도 필요로 하지 않는 것이다. 즉 실체의 본질은 자립성과 자족성이다. 가장 큰 자립성(자족성)을 가진 것은 바로 신이다. 신보다 더 자립적이고 자족적인 존재는 없다. 신 이외의 모든 다른 존재자는 신에 의해 창조된 피조물이다. 모든 피조물은 신과 달리 의존과 결핍을 특징으로 한다. 엄밀한 의미에서 실체가 아니다. 하지만 데카르트는 무한실체로서 신 이외에 두 개의 유한실체를 인정했다. 바로 사유실체(res cogitans)와 연장실체(res extensa)이다.

이로써 데카르트에게 있어서 두 가지 존재방식, 즉 신의 존재방식과 유한한 실체(사유와 사물) 간의 존재방식의 차이가 드러난다. 신은 사유나 물체와 동일한 방식으로 존재하지 않는다. 무한실체(신)와 유한실체(사유, 사물)의 존재방식의 차이는 - 신과 피조물을 동일선상에서 비교하는 것 자체가 불가능하기에 - '무한'하다. 그러나 데카르트의 이러한 생각은 그로 하여금 '존재'의 의미에 대한 물음을 제기할 수 없도록 만들었다. 신의 존재방식과 사유/사물의 존재방식을 실체성으로 파악함으로써 존재의 의미에 대한 물음에서 멀어지게 된 것이다.

데카르트에게 실체성은 '유일한' 존재방식으로 절대화되기에 이른다. 실체로서 존재한다는 것은 다양한 속성들의 담지자로서 존재함을 의미한다. 그러므로 모든 존재는 그것이 지니고 있는 속성들에 대한 분석을 통해서 접근 가능한 것으로 이해된다. 이제 어떤 존재자와 어떤 다른 존재자의 구분에서 존재에 대한 언급은 필요하지 않게 된다. 실체성이 유일한 존재방식으로 받아들여지는 순간, 존재방식의 구별 가능성 자체가 사라지게 된 것이다. 그러나 이렇게 되면 실체성 자체도 파악할 수 없는 것이 되고 만다. 덕분에 데카르트는 - 자신의 관점에서 보면 - 일관성 있게, 그리고 전적으로 정당하게, '실체는 우리를 촉발하지 않으며, 우리는 실체를 지각할 수 없다'고 말할 수 있게 되었다.

서양 형이상학의 전통에서 - 특히 주체성 철학의 전통 - 존재는 그것이 존재자로서 접근 가능하지 않다는 이유만으로, 우리를 전혀 촉발하지 않는 어떤 것으로 이해되어 왔다. 그러나 이 사실로부터 존재가 그것의 다양한 방식들의 계보를 통해서 접근 가능할 수 있다는 사실이 도출되어 나오지는 않는다. 실체성은 단지 데카르트와 그의 후예들이 존재를 사유하는 '하나의' 방식에 지나지 않는다. 그들은 존재의 의미를 일종의 버팀, 즉 '지속'으로 이해한다. 그러나 하이데거는 존재를 이처럼 실체성으로 환원시켜 이해하는 데카르트적 시도에 전혀 동의하지 않는다. 하이데거가 데카르트적 세계 이해를 비판하는 것은 우연이나 자의에 의한 게 결코 아니다. 데카르트가 하이데거에 의한 비판의 표적이 되는 것은 그의 세계 개념 안에 서양 근대 철학의 잘못된 존재 이해가 녹아들어 있기 때문이다.

하이데거가 보기에 데카르트는 존재의 의미를 실체의 존재방식으로 환원시켜 이해함으로써 세계 현상을 간과하는 우를 범했다. 세계 현상을 보지 못하고 너무 쉽게 건너뛰고 말았다. 그런데 이처럼 데카르트가 세계 현상을 건너뛰게 된 것은 단순한 실수나 잘못이 아니라, 그가 서 있는 존재론적 토대 탓이다. 데카르트가 딛고 있던 존재론적 토대 위에서는 현존재 특유의 세계성은 결코 이해될 수 없는 것이었다. 이 토대 위에서 존재자는 "언제나 그렇게 존재하고 있는 바로 그것"(95)을 의미하기 때문이다. 즉 언제나 그렇게 지속하고 있는 것이다. 그런데 그것은 "수학이 알고 있는 바로 그것"(96)이다. 자연(데카르트적 세계)으로의 접근 통로를 수학과 그에 근거한 물리학이 마련해 주게 된 것이다. 그러나 이로써 존재는 세계의 현상 영역에서 추방되고 만다. 이제 데카르트를 비롯한 근대 철학자들에게는 세계 내부적 존재자로의 접근 통로를 어떻게 찾아낼 것인가 하는 것은 아예 문제로 등장하지도 않게 된다. 사유는 가변적인 사유 작용들의 '지속적' 담지자, 즉 실체로서 이해되고, 연장실체로서의 자연과 대립된 것으로 규정될 뿐이다. 인간과 자연을 대립 관계로 보는 오늘날의 관점은 사유실체와 연장실체 간의 이러한 데카르트적 구별에서 비롯된 것이다.

3.5. 공간성

공간에 대한 우리의 통상적인 표상은 그릇이다. 공간을 그 안에 우리 인간을 포함하여 존재하는 모든 것이 담겨 있는 그릇으로 표상하는 것이다. 이러한 공간 표상은 세계를 일종의 거대한 그릇 혹은 상자로 이해하는 관점으로 연결되기 마련이다. 그러나 공간과 세계에 대한 이러한 표상은 공간성의 참된 '현상'과 전혀 들어맞지 않는다. 또한 현존재의 공간 경험과도 일치하지 않는다. 그렇기 때문에 하이데거는 현존재의 공간 경험 혹은 그렇게 경험된 공간의 존재론적 의미 문제를 상당히 자세하게 다룬다.

하이데거는 우선 세계를 "세계-내-존재로서의 구조계기"(101)로서 특징짓는다. 만약 세계가 현존재의 존재를 구성하는 한 계기라면, 즉 하나의 실존범주라면, 세계의 공간성도 이와 마찬가지로 현존재의 구조계기, 즉 실존범주라야 한다. 현존재는 자신의 밖에 따로 존재하는 공간이라는 이름의 텅 빈 그릇 안에 담겨 있는 게 아니라, 현존재 자신이 특유의 방식으로 공간적(räumlich)이다. 하이데거가 분석하고 해명하고자 하는 것은 바로 현존재 특유의 이러한 공간적 존재방식의 존재론적 의미이다. 앞으로 밝혀지게 되겠지만, 세계는 '공간 안에' 있지 않다. 오히려 그 반대로 공간성은 세계의 구조계기이며, 따라서 현존재 자신의 구조계기이다.

무엇보다 중요한 것은 공간성이 세계의 구조계기라는 사실을 밝혀내는 것이다. 우리가 세계-내-존재로서 일차적으로 관계하는 것은 용재자(用在者, Das Zuhandene)이다. 용재자의 공간성은 전재자(前在者,

Das Vorhandene)의 공간성과 근본적으로 다르다. 전재자의 공간성은 측량 가능한 삼차원성을 특징으로 하는 반면에 "일상적 교섭의 전재자는 가까움(Nähe)의 성격을 가진다."(102) 용재자의 이러한 가까움은 거리상의 가까움이 아니라, "방향 잡힌 가까움"(102)이다. 모든 용재자, 즉 도구는 사용자와의 관계 속에서 일정한 자리를 가지고 존재한다. 도구의 이 자리는 좌표상의 한 점이 차지하는 기하학적 위치와는 전혀 다른 것이다.

예컨대 망치가 있어야 할 자리에 있지 않을 때, 사용자는 대번에 그 부재(不在)를 의식하게 된다. 망치가 망치라는 도구로서 기능할 수 있는 것은, 그것이 도구전체 안에서 가지고 있는 지시 관계 덕분이다. 그렇다면 어떤 개별 도구가 도구로서 기능할 수 있도록 해주는 이 '도구전체'는 어디에 속해 있는 것일까? 도구전체 자체는 어떤 공간성을 가지는 것일까? 도구전체의 이러한 공간성을 하이데거는 '권역'(Gegend)이라고 부른다. 어떤 도구의 정확한 자리를 규정할 수 있기 위해서는, 즉 여기에는 이것, 저기에는 저것이 있어야 한다고 구체적인 결정을 내릴 수 있기 위해서는, 사용자가 이미 권역을 전체적으로 이해하고 있어야 한다.

그렇다면 현존재 자신의 공간성은 어떠한가? 현존재도 용재자처럼 자신의 세계 안에 일정한 '자리'를 가지는

가? 현존재의 공간성은 매우 독특하다. 왜냐하면 현존재는 전재자나 용재자와는 본질적으로 전혀 다른 방식으로 존재하기 때문이다. 즉 현존재는 결코 '세계 내부적' 존재자가 아니기 때문이다.

현존재의 공간성 역시 '안에-있음'(內存)으로 규정된다. 그러나 문제는 이 '안에'가 일상적 의미의 '안에'가 아니라는 것이다. 세계-내-존재로서 현존재는 언제나 이미 세계 내부적 존재자들과 함께 존재하고 있다. 그러나 이러한 '함께' 역시 단순히 그것들 옆에, 병존한다는 것을 의미하지 않는다. 현존재의 공간성은 사물과는 전혀 다른 방식으로 이해되어야 한다.

『존재와 시간』에서 공간은 시간에 비해 상대적으로 덜 중요한 것처럼 보일 여지가 크다. 공간에 대해 가지는 시간의 상대적 우위는 단순히 시간이 존재의 의미로 규정된다는 사실에서만 찾아지는 게 아니다. 그보다 더 결정적인 이유는 바로 하이데거가 "탈자적-지평적 시간성의 근거 위에서만 (...) 공간 안으로의 현존재의 침투가 가능하다"(369)고 본다는 사실에 존립한다. 이처럼 『존재와 시간』에서 시간이 공간에 대해 상대적 우위를 점하고 있다는 점은 부인할 수 없는 사실이다. 그러나 이러한 사실이 『존재와 시간』에서 공간의 문제가 가지는 중요성을 간과

해도 좋다는 사실을 의미할 수는 없다.[20]

특히 『존재와 시간』에서 공간 개념은 인간의 근원적인 존재방식으로서의 체류(Aufenthalt)의 이해와 관련하여 결정적인 의미를 가진다. 인간의 체류지로서의 세계는 단순한 물리적 공간을 가리키지 않는다. 체류지로서의 공간은 인간이 차지한 어떤 일정한 공간적 장소와는 거리가 멀다. 체류는 세계 내에서 이루어지는 인간의 고유한 존재방식, 즉 실존적 태도를 가리키는 말이다. 하이데거는 『존재와 시간』에서 현존재는 "그 자체 고유한 '공간-내-존재'를 가지지만, 이것은 그러나 오직 세계-내-존재 일반을 근거로 해서만 가능하다."(56)고 말한다. 현존재의 공간 경험은 오직 인간이 근원적으로 세계-내-존재이기 때문에 가능하다는 것이다. 현존재의 이러한 특수한 공간성을 일컬어 하이데거는 사물의 공간성(Inwendigkeit)과 구별하기 위해서 공간창출(Einräumen)이라고 한다. 이 공간창출은 세계 내부적 존재자와의 만남을 위한 현존재의 고유한 능력이며, 그 안에서 "용재자(도구적 존재자)의 공간성에로의 개현"(111)이 비로소 가능하게 되는 근원적 공간의

---

20) 하이데거의 공간 개념에 대한 연구로는 졸고 참조. 이유택, 「하이데거의 존재론적 공간 이해」, 『해석학연구』, 제33집, 2013, 243-274쪽.

열림이다.

여기서 중요한 것은 이렇게 이해된 현존재의 실존론적 공간성이 현존재의 존재로서의 염려와 어떤 관계를 맺고 있느냐 하는 것이다. 왜냐하면 현존재의 공간적 본질은 현존재가 존재자의 출현을 가능케 하는 공간을 열어 준다는 바로 그 사실에 놓여 있기 때문이다. "현존재는 배시적 공간발견이라는 방식으로 공간적이다. 그렇기에 현존재는 공간적으로 만나는 존재자에 대해서 언제나 거리를 제거하며 관계를 맺고 있다."(108) 이런 방식으로 현존재는 언제나 이미 공간적으로 존재하고 있다. 현존재는 근원적인 의미에서 공간적이다. 현존재가 실존한다는 것은 그가 끊임없이 공간을 허용하고 열어준다는 것을 의미한다. 이렇게 열린 공간 안에서 현존재와 존재자와의 만남이 비로소 가능해진다. 그렇다면 이러한 공간창출과 공간허용은 어떻게 가능한 것인가? 그것은 바로 현존재 자신이 이미 열려있는 존재, 즉 개시성을 본질로 하는 존재이기 때문이다.

하이데거의 이러한 공간 이해는 현상학적 관점에서 새롭게 해석되고 있다는 점에서 탁월성을 자랑한다. 즉 단순한 연장(延長)을 넘어서서 공간이 전혀 다른 관점에서 이해될 수 있다는 점을 설득력 있게 보여준다는 점에서 매우 독특하고 인상적이다. 하이데거가 말하는 공간은 - 다시 한 번 강조하거니와 - 현존재와 사물적 존재자가 함께 그 안에 담겨 있는, 우리가 어떤 텅 빈 그릇과 같은 것으로 표상할 수 있는 그런 것이 아니다.

3.6. 거리-제거와 방향잡기

실존론적으로 새롭게 이해된 공간은 현존재에 의해서 비로소 공간으로 열리고 창출된다. 이러한 공간창출은 두 가지 방식으로 이루어진다. 하나는 거리-제거(Ent-fernung)이고, 다른 하나는 방향잡기(Ausrichtung)이다.[21] 거리-제거는 세계 내부적 존재자들을 사용하기 위해서 그것과의 거리를 없앰, 즉 가까이 함을 뜻한다. "현존재 안에는 가까움을 향한 본질적 경향이 놓여 있다."(105) 어떤 존재자가 이론적 탐구의 대상이 될 수 있기 위해서는 거리-제거를 통해서 가까워진 존재자가 다시 특정 전재자로서 주제화되어야 한다.

도구로 사용되는 존재자들은 대부분 우리 가까이에 있지 않다. 공간적으로 가장 가까이 있는 것 같지만, 사실은 우리와 '멀리' 떨어져 있다. 예컨대 안경이라는 도구는

21) 하이데거가 여기서 말하는 Ent-fernung은 독일어 Entfernung의 원래 의미(거리두기)와 반대 뜻을 가지고 사용된다.

우리의 콧등에 걸쳐져 있고, 휴대폰 역시 우리의 귀에 바짝 붙어 있지만, 사실 그것들은 안경을 통해 보는 대상(멀리서 걸어오는 친구)보다 '멀리' 있고, 휴대폰을 통해 대화하는 상대방보다 '멀리' 있다. "현존재는 자신의 여기를 환경세계적 저기로부터 이해한다."(107)

또한 현존재는 방향잡기의 성격도 가지고 있다. "현존재는 거리제거적 내-존재로서 동시에 방향잡기의 성격을 가지고 있다. (...) 현존재는 방향잡는 거리제거를 수행하면서 그때마다 이미 권역을 발견하고 있다. 방향잡기는 거리제거와 마찬가지로 세계-내-존재의 존재양식으로서 고려의 둘러봄을 통해 앞서 인도되고 있다."(108) 현존재의 이러한 방향잡기가 선행하고 있지 않다면 몸의 좌우 구분도 불가능하다. 왼쪽과 오른쪽의 구분은 단순한 '주관적' 느낌이 아니다. "왼쪽과 오른쪽의 방향잡힘은 현존재 일반의 본질적인 방향잡기에 근거하고" 있으며, 현존재의 이 "방향잡기는 세계-내-존재를 통해서 규정되어 있다."(110)

공간성은 현존재의 구조계기이다. 즉 현존재의 존재방식 자체가 공간적이다. 바로 그렇기 때문에 환경세계와 현존재의 공간적 만남이 비로소 가능하다. 현존재가 공간적으로 존재하는 방식은 위에서 언급했듯이 두 가지이다. 즉 거리-제거와 방향잡기이다. 말하자면 세계 내부적 존재자에게 공간을 '부여'하는 것은 현존재 자신이다. 이것을 하이데거는 공간을 창출한다(einräumen)고 표현한다. 공간 창출을 통해 구성된 공간은 선험적 직관형식으로서(칸트) "주체 안에 있지 않고", 자연과학이 전제하듯이 "세계가 공간 안에 있지도 않다."(111) 현존재, 즉 "존재론적으로 잘 이해된 '주체'"(111)는 (칸트의 초월론적 감성론에서처럼) 외감의 직관형식을 소유하고 있는 게 아니라, 그 세계성에 있어서 언제나 이미 자신의 구체적 교섭대상들과 관계하고 있다.

이러한 구체적 공간성의 근거 위에서 이루어진 권역의 중성화를 통해서 비로소 공간의 '개념'이 탄생하기에 이른다. 이제 현존재의 환경세계는 단순한 자연세계(데카르트적 연장실체)를 의미하고, 현존재는 그 자연세계와 마주 선 무세계적 주체(데카르트적 사유실체)를 의미하게 된다. 그러나 하이데거의 관점에서 볼 때 공간은 데카르트적 의미의 실체도 아니고, 칸트적 의미의 직관형식도 아니다. 왜냐하면 이러한 공간 규정은 - 적어도 하이데거가 보기에는 - 언제나 존재를 전재적인 것으로 이해하고 있기 때문이다. 다시 한 번 말하거니와 하이데거에게 있어서 공간은 이처럼 철저하게 현존재와 관련하여, 즉 '실존론적으로' 이해된다. 즉 공간은 세계성의 구조계기로서 그 안에 존재근거를 가지고 있으며, 결코 그 역은 아니다.

4.1. 자기

4.2. 배려

4.3. 세인

Chapter 4
함께-있음

04.

함께-있음

4.1. 자기

세계의 존재론적 의미가 충분히 해명될 수 있기 위해서는 '현존재는 도대체 누구인가?'라는 물음에 대한 대답이 주어져야 한다. 현존재가 - '무엇'이냐가 아니라 - '누구'냐, 즉 현존재의 정체를 충분히 밝히지 않는 한, 세계의 의미를 제대로 파악했다고 말할 수 없다. 세계는 현존재의 존재를 구성하는 한 계기이기 때문이다. 『존재와 시간』 1부 4장(§§25-27)은 바로 이 문제, 즉 현존재의 정체성 문제를 다루고 있다.

앞에서 말했듯이 현존재는 세계-내-존재이다. 현존재

는 언제나 이미 세계 안에서 실존하고 있다. 그런데 세계 내에서 이루어지는 이 실존은 결코 외로운 홀로서기가 아니다. 현존재는 언제나 이미 타자와 함께 존재하고 있다. 나와 함께 이 세계 안에 존재하고 있는 타자는 용재자도 아니고 전재자도 아니다. 타자는 나와 '함께' 실존하고 있다. 즉 공존(共存)하고 있다. 그러나 이 공존은 이른바 상호주체성과는 다른 것이다. 왜냐하면 하이데거가 말하는 공존은 어떤 한 주체와 다른 주체 간의 외적 관계로 이해될 수 없기 때문이다. 즉 공존은 한 현존재와 타자(공동현존재)의 '외적' 관계가 아니라, 현존재 자신의 한 계기이다.

그렇다면 일상적 차원에서 현존재는 '누구'인가? 일상적 현존재는 전통 철학에서 말하는 이른바 '자기의식'의 차원에서 존재하고 있는가? 전혀 그렇지 않다. 일상적 차원에서 현존재는 자신의 생각과 행위를 스스로 통제하는 독립적 자아의 모습으로 존재하기는커녕 철두철미 '세상사람' 즉 '세인'(世人, Das Man)의 모습으로 살아가고 있기 때문이다.

그렇다면 일상적 현존재는 세인 아닌 자기 자신으로 존재할 수는 없는가? 이 물음에서 문제는 현존재의 '자기'(Selbst)의 의미이다.

하이데거는 '자기'라는 말을 사용하면서 현존재를 전재자로 혼동할 가능성이 크다고 생각한다. 전통 철학에서

'자아' 혹은 '주체'라는 말을 사용하면서 그 말과 함께 인간을 일종의 전재자처럼 표상해 왔기 때문이다. 책상이 책상으로, 나무가 나무로 존재하듯이, 나(자기)는 나로 존재한다는 이른바 자기동일성에 대한 믿음은 현존재가 '누구'냐고 묻는 하이데거의 물음에 담긴 깊은 의미를 이해하기 어렵게 한다. 나(자기)는 이미 나(자기)로 존재하는데 굳이 나(자기)의 정체를 따져 물을 필요가 어디에 있는가? 내(자기)가 나 아닌 다른 것으로 존재하기라도 한다는 말인가?

그렇다. 바로 이 지점에서 하이데거의 통찰이 빛을 발한다. 현존재는 모든 다른 전재자와 달리 자기로 존재하지 않을 가능성을 가지고 있다. 현존재가 각자 자기로 존재한다는 사실은 동시에 "우선 대개 자기로 존재하지 않는다는 사실에 대한 근거이다."(115) 이것은 도대체 무엇을 의미하는가? 현존재의 각자성, 즉 현존재가 각자 자신의 것이라는 사실이, 자기 아닌 다른 것으로 존재할 수 있는 근거라는 것인가? 그렇다. 왜냐하면 나는, 내가 나를 의식하고 있는 한에서만 존재하는 것은 아니기 때문이다. 나는 얼마든지 나 아닌 다른 존재일 수 있기에 '현존재는 누구인가?'라는 물음에 대해서 단순히 '자기'라고 대답할 수 없다. 현존재는 이 세계 내에서 단순히 '자기'로 존재하지 않고, 언제나 이미 자기 아닌 타자와 관계를 맺고 있다. 즉 타자는 현존재의 ‘누구’(정체성)를 함께 규정하고 있다. 그러므로 ‘현존재는 누구인가?’라는 물음은 ‘현존재는 타자와의 관계 속에서 어떻게 존재하고 있는가?’라는 물음으로 변환되어야 한다.

4.2. 배려

“현존재의 세계는 공동세계(Mitwelt)이다. 안에-있음(In-Sein)은 타자와의 함께-있음(共存, Mitsein)이다. 타자의 세계 내부적 즉자존재는 공동현존재(Mitdasein)이다.”(118) 현존재는 세계 내에서 용재자 및 전재자와 ‘함께’ 존재하고 있다. 내가 너를 타자로서 만나듯이 너도 나를 타자로서 만난다. 내가 자기로 존재하듯이 타자도 자기로 존재한다. 현존재는 이렇게 타자와 ‘함께’ 존재한다. 타자와 함께 존재하지 않는 현존재가 자기로서 존재하는 것은 불가능하다. 설령 아무도 존재하지 않는 외딴 섬에서조차도 현존재가 타자와 함께 존재한다는 사실은 달라지지 않는다.

함께-있음은 - 실제로 나의 옆에 타자가 있느냐 여부와는 상관없이 - 현존재의 고유한 존재방식을 가리키는 말이다. 이때 타자가 실제로 현존재의 옆에 존재하고 있느냐 여부는 중요치 않다. 오히려 타자의 부재는 현존재의 본질이 함께-있음에 놓여 있다는 사실을 분명하게 확인시켜 줄 뿐이다. 타자의 부재는 어떤 사물이 놓여 있어야 할 자리에 있지 않은 것과는 전혀 다른 현상이다. 나의 곁에 아무도 없다고 느낄 때, 내가 혼자라고 느끼는 바로 그때, 나의 본질이 함께-있음임을 더욱 분명하게 확인하게 된다. 나의 본질이 함께-있음이 아니라면 외로움을 느낄 수도 없을 것이다. 즉 '혼자 있음'은 내가 본질적으로 '함께-있음'의 존재이기 때문에 비로소 가능한 것이다. 내가 언제나 이미 타자와의 함께-있음을 본질로 하는 존재가 아니라면 나의 혼자 있음은 가능할 수 없을 것이다.

물론 나와 함께 존재하는 타자도 나와 마찬가지로 현존재이다. 그러므로 타자와 나의 관계 역시 고려(Besorge)와는 다른 방식이어야 한다. 하이데거는 그것을 배려(Fürsorge)라고 부른다. 염려(Sorge)[22]는 이렇게 용재자(전재자)와 관계하는 고려, 다른 현존재와 관계하는 배려, 두 가지 양태로 구성되어 있다. 현존재 이외의 다른 존재자와의 고려적 관계의 특징이 주변 환경의 둘러봄(Umsicht)이라면, 다른 현존재와의 배려적 관계의 특징

22) 염려(Sorge)는 나중에 현존재의 존재로 규정된다.

은 살펴봄(Nachsicht)과 돌아봄(Rücksicht)이다. 이러한 두 가지 방식의 관계맺음을 통해서 타자는 비로소 나에게 타자로서 발견된다.

타자에 대한 배려는 두 가지 방식으로 극단화되어 나타날 수 있다. 하나는 타자를 "대리하고 지배하는 배려"(122)이고, 다른 하나는 타자의 앞에서 "솔선수범하고 [타자를] 자유롭게 하는 배려"(122)이다. 후자의 배려는 - 전자의 배려가 다소 강제적인 데 비해[23] - 타자가 자신의 존재 가능성을 향해 열려 있게 함으로써 그를 더욱 자유롭게 한다. 물론 일상적으로 이루어지는 배려는 이 두 가지 배려의 양 극단 사이의 어느 한 지점에서 이루어진다.

타자와 어떤 식으로 관계를 맺든 분명한 사실 하나는 현존재가 이 세계 내에서 언제나 이미 타자와 함께 존재하고 있다는 사실이다. 타자와의 함께-있음을 결여한 현존재는 어떤 경우에도 있을 수 없다. 현존재의 자기이해 안에는 언제나 이미 타자에 대한 이해가 들어있기 때문이다. 근원적인 타자이해가 이처럼 존재론적으로 선행하기에 타자를 내가 - 존재적 차원에서 - 실제로 알 수도 있고

---

23) 타자에 대한 지나친 배려는 오히려 적당한 무관심보다 못한 법이다. 배려의 이름으로 자행되는 부당한 간섭과 구속을 우리는 늘 조심하지 않으면 안 될 것이다.

모를 수도 있는 것이다.

4.3. 세인

"일상적 현존재의 자기는 세인-자기이다. 우리는 세인-자기를 본래적-자기, 즉 고유하게 파악된 자기와 구별한다. 세인-자기로서 모든 현존재는 세인으로 분산되어 있고, 자기를 비로소 발견해야만 한다."(129) 인용에서 드러나듯이 '현존재는 누구인가?'라는 물음에 대한 대답은 두 가지로 주어진다. 우선 현존재는 세인-자기이다. 하지만 현존재는 본래적 자기이기도 하다. 즉 현존재 자신으로부터 수행된 세인의 실존적 변양태로서의 자기이다. 이것은 우선 현존재가 자기 자신으로, 즉 본래적으로 존재할 수 있는 것은, 현존재가 세인의 영역에 존재하기 때문이라는 사실, 말하자면 세인의 영역이 존재하는 한에서일 뿐임을 의미한다.

세인은 불특정 다수가 만들어 낸 유행일 수도 있고, 제도나 관습일 수도 있다. 사람들이 말하는 현실은 바로 이 세인의 현실이다. 이 이른바 '현실' 속에서 우리는 어떤 것을 좋으니 나쁘니 판단하며 살아가지만, 엄밀하게 말해서 그 판단의 주체는 나 자신이 아니다. 내가 그렇게 판단한 것은 세인이 만든 기준을 따랐기 때문이다. '왜 그렇게 하지 않고 이렇게 해야 하느냐'라는 질문에 대한 답변을 주는 것은 '나 자신'이 아니라, 바로 '세상 사람들'(세인)이다. 저 질문에 대한 아마도 가장 안전한 답변은 '세상 사람들이 다 그렇게 하니까'일 테니까 말이다.

요컨대 세인은 일상적 현존재의 존재방식에 대한 표현이다. "현존재는 [누구나] 우선 세인이며 대개 세인으로 머문다."(129) 말하자면 세인은 세상 사람들의 규범과 가치에 맞추어 살아가는 일상적 존재방식에 대한 통칭이다. 세인의 존재방식은 누구나 따라서 하는 것이기에 평균적일 수밖에 없고, 평균적이기에 그만큼 안전하다. 그래서 세인의 방식으로 존재하는 사람은 어떤 것에 대해서 깊이 생각하거나 고민할 필요가 없다. 세인이 나 대신 숙고하고, 선택에 대한 나의 책임을 면제해 주고, 그에 따른 위험 부담도 덜어 주기 때문이다. 그러나 이러한 책임면제를 통해서 세인은 현존재를 더욱더 철저하게 지배한다. 세인의 이러한 '독재'에서 벗어날 길은 없는가?

Chapter 5

안에-있음

05.

안에-있음

5.1. 처해있음

현존재는 세계 안에서 존재한다.(세계-내-존재) 그렇다면 현존재가 세계 '안에' 있다고 할 때 이 '안에-있음'(內存)을 우리는 어떻게 이해해야 할 것인가? 현존재가 존재하는 세계 안의 '거기'(Da)는 어디인가? 현존재가 '거기'에 존재한다는 것은 도대체 무엇을 의미하는가? 우선 분명한 것은, 이 '거기'가 '여기' 혹은 '저기'처럼 특정할 수 있는 장소가 아니라는 점이다. 바로 그렇기 때문에 '거기'이다. '거기'의 특징은 바로 이처럼 여기 혹은 저기처럼 특정 장소를 가리킬 수 없다는 사실에 있다. 그렇다면 이러한 '거기'에 현존재가 존재한다는 것은 무엇을 의미하는가?

여기 혹은 저기 아닌 '거기'에 존재한다는 것은 현존재가 자기 자신에게 열려 있음을 말한다. 하이데거는 이러한 열려 있음을 개시성(Erschlossenheit)이라고 부른다. "현존재는 자신의 [이러한] 개시성" 이외의 다른 것이 아니다.(133) 그렇다면 이러한 열려 있음(개시성)은 무엇으로 구성되어 있는가? 이 물음에 대답하기 위해서는 세 가지 키워드에 대한 분석이 중요하다. 현존재의 '거기', 즉 현존재가 그 '안에' 존재하고 있는 '열려 있음'(개시성)으로서의 '거기'는 '처해있음'(Befindlichkeit), '이해'(Verstehen), '말'(Rede)로 구성되어 있기 때문이다.

현존재의 '거기'(개시성)를 구성하고 있는 첫 번째 계기는 '처해있음'이다. 현존재는 언제나 이미 특정 상황과 기분에 처해 있다. 이러한 '처해있음'은 공간적 의미와 정서적 의미 두 가지로 나누어 이해될 수 있다. 공간적 의미의 처해있음은 정서적 처해있음의 기초 위에서 비로소 가능하다. 즉 정서적 처해있음은 공간적 처해있음의 근거를 이룬다. 실존론적 처해있음은 다름 아닌 기분(Stimmung)을 말한다. 현존재는 언제나 이런저런 기분에 젖어 있다. 현존재는 세계 안에서, 그가 언제나 이미 이런저런 기분에 사로잡혀 있는 방식으로, '거기'에 존재한다.

여기서 중요한 것은 이 기분 속에서 세계가 현존재에게 개시된다는 사실이다. 행복을 느끼는 사람의 세계는 불행을 느끼는 사람의 세계와는 다르게 나타나게 마련이다. 기분에 따라 나는 세계를 향해 나아갈 수도 있고, 세계로부터 - 특히 우울할 때 - 숨거나 어딘가로 도피할 수도 있다. 이러한 도피는 실존론적으로 중요한 의미를 가진다. 다름 아닌 세계로부터의 이 도피 가능성에서, 우리가 '거기' 존재한다는 사실이 가장 분명하게 드러나기 때문이다. 말하자면 이 도피 가능성을 통해서 현존재는 "그가 존재하고 있으며, [거기서 한 걸음 더 나아가] 존재해야만 한다는 사실을"(134) 비로소 알게 되기 때문이다. 하이데거는 이것을 두고 기분이 인간의 피투성(Geworfenheit) 혹은 현사실성(Faktizität)을 개시해준다고 한다.

5.2. 피투성

처해있음은 현존재의 존재를 구성하는 가장 근본적인 계기이다. 현존재는 언제나 이미 일정한 상황 속에서 기분에 젖어 있다. 현존재는 기분존재이다. 일상생활 속에서 우리는 기분이 좋거나 나쁘거나, 유쾌하거나 우울하거나, 즐겁거나 슬프거나, 김새거나 지루하거나, 긴장되거나 흥

분되거나, 어떤 식으로든 일정한 기분에 사로잡힌 상태 속에서 살아가고 있다. 이러한 기분들을 우리는 흔히 '감정'이라 부르면서 심리학의 대상으로 간주한다. 그러나 하이데거가 현존재의 존재를 구성하는 가장 근원적인 실존범주로서 규정하는 기분(Stimmung)은 심리학의 대상으로서의 이러한 감정과는 다른 것이다. 전통 철학이 감정이라는 이름 아래 배제하고 억압했던 기분을 하이데거는 실존론적인 관점에서 복권 시키고자 한다. 그렇다면 하이데거는 이러한 복권을 왜 시도하는가? 그것은 바로 기분 안에서, 기분을 통해서 현존재에게 존재가 드러난다고 보기 때문이다. 하이데거의 인간 이해의 가장 큰 특징이, 동물과의 비교를 통해서가 아니라, 자기 자신의 존재에 대한 관계에서 인간의 본질을 이해하려 했다는 사실을 상기한다면, 기분을 하이데거가 왜 그토록 중시하는지 깨닫게 된다. 자기 자신의 존재와의 관계가 이루어지는 통로 혹은 장(場)이 바로 기분인 것이다.

현존재의 존재가 처해 있는 근본 상황은 아무런 이유도 없이 세계 안에 던져졌다는 것이다. 누가 왜 던졌는지도 모르고, 왜 존재해야만 하는 건지도 모른 채 현존재는 그렇게 존재해야만 한다. 이것이 바로 현존재가 처해 있는 근본 상황이자 '현실'이다. 현존재가 처해 있는 현실의 이러한 성격을 하이데거는 피투성이라는 말로 압축해서 표현한다. 현존재가 피투적이라는 것은, 그가 다른 곳에서 이곳으로 내팽개쳐졌거나 추방됐다는 게 아니라, 그의 존재가 다름 아닌 바로 자기 자신에게 맡겨져 있으며, 따라서 존재에 대한 책임 역시 자기 자신에게 주어져 있음을 의미한다. 현존재가 지금 여기에 존재하는 것은 자기 자신이 선택한 것도 아니고, 그 이유도 모르지만, 그럼에도 불구하고 자기 존재에 대한 모든 책임을 스스로 떠맡아야 하는 것이다. 현존재의 이러한 피투적 현실, 현존재의 피투성을 단적으로 드러내어 주는 것이 바로 '기분'이다. 기분 안에서 현존재의 피투성이 현존재 자신에게 드러나고 개시된다.

일상적 삶을 영위해 나가면서 우리는 기분의 이러한 개시적 성격에 거의 주목하지 않는다. 우리는 기분이 우리를 스쳐 지나가도록 내버려둘 뿐이다. 기분의 근저에 무엇이 놓여 있는지, 기분을 통해 무엇이 드러나는지 직시하려 들지 않는다. 우리가 이처럼 기분의 개시적 성격에 주목하지 않는 것은, 기분이 우리에게 드러내 주는 현존재의 근원적 현실, 즉 실존의 피투성과 우리 자신의 존재에 대한 책임을 선뜻 인정하기가 쉽지 않기 때문이다. 나의 존재가 나 자신에게 너무나 큰 부담으로 다가오기 때문이다. 인간은 자기 자신에게 주어진 존재를 떠맡고, 그것에 대해서 기꺼이 책임을 져야 한다. 존재에 대한 이러한 책임은 그 자체가 '현사실적' 성격을 띠고 있다. 인간은 자기의 존재에 대해서 책임을 지겠다고 새삼스럽게 결단을 내릴 필요도 없이, 이미 그렇게 존재하지 않을 수 없도록 존재는 인간에게 일종의 과제로서 주어져 있다. 이렇게 주어져 있는 존재에 대한 책임을 인간은 결코 회피할 수 없다. 이것이 바로 하이데거가 말하는 '오직 인간만이 실존한다'라는 주장에 담긴 의미이다. 또한 이것은 실존의 '피투성'이라는 표현에 담긴 의미이기도 하다.

5.3. 현사실성

실존의 피투성과 책임에서 드러나는 현사실성(Faktizität)은 일반적인 의미의 사실성과는 다르다. 후자의 경우 사실의 진위 여부가 중요하며, 진위 여부의 확인은 경험적 관찰이나 증명을 통해 가능하다. 실존론적 현상으로서의 현사실성은 어떤 관찰이나 증명을 통해서도 확인될 수 없다. 현사실성은 현존재 자신의 존재성격으로서의 실존범주이기 때문이다. 현존재의 현사실성은 관찰과 증명을 통한 확인이 아니라, 오히려 그것에 대한 간과와 도피, 억압을 통해 그 존재가 확인될 뿐이다.

앞에서 말했듯이, 현존재는 그가 처한 근원적인 상황,

그의 근원적인 피투성을 직시하려 들지 않는다. 직시는커녕 오히려 그것으로부터 어떻게든 도망치고 싶어 한다. 그의 존재가 처해 있는 끔찍한 현실, 그 불편한 진실을 있는 그대로 인정하고 받아들이는 게 너무나 부담스럽기 때문이다. 현사실성으로부터의 이러한 도피는 주로 일상적 업무에 대한 몰두를 통해 일어난다. 자기의 진정한 모습을 들여다 볼 시간이 없을 정도로 현존재는 자기 자신을 바쁘게 만든다. 이러한 도피를 중단하라는 요구는 그의 부담을 더욱 가중시킬 뿐이다. 기분은 우리가 우리 자신에 대해서 알고 있는, 아니 알고 있다고 믿고 있는 모습과는 전혀 다른 모습, 다른 상황을 드러내어 우리에게 보여 준다. 물론 종교적 신앙의 확신에 찬 사람은 그의 존재가 어디에서 왔으며 어디로 가는지에 대한 확신 역시 가지고 있을 것이다. 그러나 이러한 확신과는 별도로 기분은 그 사람을 그의 존재가 처해 있는 근원적인 상황으로 데려갈 수 있다.

하이데거가 해명하고 싶어 하는 것은 바로 기분이 가지고 있는 이러한 개시 능력이다. 그럼으로써 기분을 비합리주의의 영역에서 탈출시키고자 한다. 하이데거에게 기분은 단순한 비합리적 현상과는 거리가 먼 것이다. 인간 실존의 현사실성으로서의 처해있음은 우리 안에서 일어나는 단순한 심리 상태가 아니다. 그러므로 우리가 제아무리 주도면밀하게 우리의 내면을 심리학적 분석을 통해서 들여다본다 할지라도, 처해있음의 존재론적 의미를 포착할 수는 없다. 모든 심리학적 반성은 현존재가 처해있음 속에서 자기 자신에게 이미 개시되어 있기 때문에 비로소 가능한 것이다. 즉 모든 경험적 자기반성은 언제나 추후적일 뿐이다.

기분은 한편으로 현존재의 존재를 자기 자신에게 근원적인 방식으로 개시해 주기도 하지만, 다른 한편으로 은폐하기도 한다. 이러한 현상은 '기분 나쁨'에서 명료하게 드러난다. 나쁜 기분 속에서 현존재는 자기 자신에 대해 다소간 무심하달까, 자기 방기적인 상태에 놓이게 된다. 아울러 그를 둘러싼 주변 세계 역시 차단되고 은폐되기에 이른다. 그러면서 타자와의 관계나 사물과의 관계 역시 자꾸 꼬이게 된다. 나쁜 기분은 그 기분을 반성적으로 살펴본 후 '아 나는 지금 기분이 나쁘구나'라고 확인하고 난 다음 비로소 그 기분을 느끼는 게 아니다. 밖에서 들어오는 것도 아니고 안에서 생기는 것도 아니다. 나쁜 기분은 세계-내-존재로서의 현존재의 존재방식 자체에서 비롯된다. 이렇듯 기분은 언제나 이미 현존재가 언제나 처해있는 근원적 현사실성을 그 전체에 있어서 개시하고 있다.

5.4. 공포

현존재는 언제나 일정한 기분에 처해 있다. 그러나 이것은 현존재가 언제나 어떤 주관적 감정에 빠져 있음을 말하지 않는다. 하이데거는 이러한 차이를 설명하기 위해 '공포'라는 기분을 예로 든다. 하이데거의 공포 분석에서 문제되는 것은 심리학이 아니라 현상학이다. 즉 공포를 야기하는 원인에 대한 심리학적 분석이 아니라, 공포라는 현상 자체를 있는 그대로 기술(記述)하는 것이 무엇보다 중요하다. 공포의 구성 계기는 세 가지이다.

첫째, 모든 공포는 어떤 것에 대한 공포다. 불안과 달리 공포는 그 대상을 콕 집어 말할 수 있다. 공포의 대상은 세계 내부적 존재자이다. 그것은 어떤 사물일 수도 있고, 사건 혹은 사람일 수도 있다. 무엇이 됐건 한 가지 공통점은 그것이 우리를 위협한다는 것이다. 위협이 없다면 공포도 없다. 여기서 중요한 것은 위협이 가능성으로 머물러 있어야 한다는 사실이다. 공포의 대상이 가능성의 차원에 머무르지 않으면, 즉 위협의 실체가 그 모습을 드러내 버리면, 오히려 공포는 사라진다.

둘째, 공포를 느낀다는 것은 "위협적인 것이 덮쳐오도록 [현존재가 스스로] 열어주는 것"(141)이다. 우리는 어떤 것이 두려워할 만한 것인지 아닌지를 확인하고 나서 공포를 느끼지 않는다. 우리가 공포를 느끼는 것은 그것이 무엇인지 알아서가 아니라, 우리가 그것을 자신에게 위험한 어떤 것으로 간주하기 때문이다. 하이데거 식으로 말하면 현존재가 자신에게 덮쳐오는 어떤 것을 위협적인 것으로서 스스로 개시하는 것이다. 이처럼 공포는 어떤 것에 대해서 누군가가 스스로 만들어내어 느끼는 것이다.

셋째, 모든 공포는 어떤 것에 대해(공포의 대상) 누군가가(공포의 주체) 느끼는 두려움일 뿐만 아니라, 반드시 무엇 때문에(공포의 이유) 느껴지는 것이기도 하다. 즉 공포에는 이유가 하나의 계기로서 속해있다. 놀이터에서 놀고 있는 자식 앞에서 느끼는 부모의 공포는 놀이기구 자체에 대한 것이 아니라, 자녀가 혹시 당하게 될지도 모를 안전사고 때문이다. 이 가능성이 부모를 늘 두렵게 하는 것이다. 그런데 안전사고의 위험성 앞에서 공포를 느끼는 것은 현존재가 자신에게 자신의 존재가 문제인 존재, 즉 실존하는 존재이기 때문이다. 공포를 느낄 때 현존재 아닌 어떤 다른 것에 대해 걱정하고 우려하는 듯 보이지만, 실은 공포는 언제나 현존재 자신 때문에 일어난다.

공포의 이러한 세 가지 계기(대상, 주체, 원인)는 변양을 일으킬 수 있다. 예컨대 공포를 일으키는 대상의 접근이 갑작스러울 때 때 공포는 '경악'이 되고, 그 실체가 베일에 싸여있으면서 공포를 자아낼 때 '전율'이 된다. 어떤 것 앞에서 위축되고 머뭇거리거나 도망치는 것도 전부 공포의 변양으로 이해될 수 있다.

공포의 현상이 보여주듯이 세계는 언제나 특정한 방식으로 현존재에게 개시되어 있다. 즉 현존재는 언제나 일정한 기분에 처해 있는 방식으로 세계 안에서 실존한다. 이렇게 현존재가 언제나 어떤 기분에 처해 있을 수밖에 없다는 사실은 그가 이 세계에 던져져 있다는 사실(피투성), 즉 자기가 속한 이 세계를 스스로 선택하지 않았지만 그에 대한 책임을 지고 존재하지 않으면 안 된다는 현사실성에서 결코 벗어날 수 없다는 사실을 여실히 보여준다.

5.5. 이해

이해(Verstehen)는 현존재가 세계 안에 존재하는 방식의 두 번째 구조계기이다. 현존재는 단순히 어떤 기분에 처해 있을 뿐만 아니라 또한 그 기분을 이해하면서 존재한다. 이 두 가지 구조계기(처해있음과 이해)는 따로 떨어져 있지 않다. 한편으로 처해있음은 그것이 세계를 어떤 특정한 방식으로, 즉 어떤 기분에 사로잡힌 채 개시하고 있는 한, 언제나 '이해하는' 처해있음이다. 다른 한편 이해 역시 어떤 것이 특정한 방식으로 이해되는 한, 언제나 이미 어떤 기분에 의해 규정된 이해이다. 그러나 현존재가 어떤 기분에 젖어있다고 해서 반드시 그 상황의 규정성, 그리고 거기에 담겨있는 가능성들을 명료하게 이해하고 있는 것은 아니다. 바로 여기에 이해의 문제가 자리 잡고 있다.

이해 개념은 일반적으로 '설명'이라는 개념과 구분하여 사용된다. 이 좁은 의미의 이해 개념은 - 역시 좁은 의미의 설명과 함께 - 이해라는 존재방식을 바탕으로 해서만 가능하다. 결국 실존론적 이해 개념은 좁은 의미의 이해 개념과는 다른, 즉 보다 깊고 넓은 의미를 가진 개념이다. 실존론적 이해 개념을 우리는 '이해하다'라는 구어체 표현을 통해 이미 알고 있다. '어떤 것을 이해하고 있다'와 같은 구어체 표현에서 '이해'는 어떤 것을 '할 수 있음'을 의미한다.[24)]

그렇다면 현존재는 무엇을 할 수 있는가? 현존재의 가장 근원적인 '할 수 있음'은 바로 실존이다. 현존재는 실존하는 자로서 자기 자신의 존재에 대한 관심을 바탕으로 자기 자신의 존재 가능성의 실현을 위해 다양한 방식으로 노력한다. 이러한 '할 수 있음'은 물론 "나는 컴퓨터를 사

24) 예컨대 누가 컴퓨터를 '이해하고' 있다 혹은 '알고' 있다는 것은 그것의 사용이 가능하다는 것을 의미한다.

용할 수 있다"와 같은 어떤 특정한 '할 수 있음'이 아니라, 매우 근원적인 의미에서의 '할 수 있음'이다. 현존재는 이러한 '할 수 있음'의 가능성을 본질로 하는 존재, 즉 "가능존재"이다.(Möglichsein, 143) 가능존재로서의 현존재의 '실존론적' 가능성은 "현존재의 가장 근원적인, 그리고 가장 적극적인 존재론적 규정성"(143)이다.

현존재의 가장 근원적인 능력으로서의 이 '할 수 있음'은 그가 가진 특정 속성이나 능력이 아니다. 현존재는 다양한 속성을 구비한 전재자가 아니기 때문이다. 현존재의 실존론적 가능성은 그가 다른 속성들과 함께 소유하고 있는 하나의 속성이 아니라, "가장 고유한 존재가능을 위한 자유로움이다."(144) 현존재는 각자의 존재가능으로 존재할 뿐, 그 이외의 어떤 다른 방식으로도 존재할 수 없다.

현존재의 존재가능은 그의 현사실성(피투성)에 의해 규정되어 있다. 즉 현존재는 자신의 가능성들을 자기 뜻대로 재량껏 만들어낼 수 없다. 일정한 상황 속에서 주어지는 가능성들을 향해 자신을 '던질'(기투) 수 있을 뿐이며, 가능성을 자신의 것으로 붙잡거나 놓칠 뿐이다. "현존재는, 그가 현존재로 존재하는 한, 각자 자기를 [가능성을 향해] 이미 던졌고, 또 던지며 존재한다. 현존재는, 그가 현존재로 존재하는 한, 언제나 이미, 언제나 아직 가능성들로부터 자기를 이해하고 있다."(145)

세계-내-존재로서의 현존재가 그의 환경세계 안에 존재하는 사물을 고려하는 둘러봄, 현존재가 타자를 배려하는 방식인 돌아봄 역시 결국은 현존재의 기투적 성격으로 환원될 수 있다. 둘러봄 속에서 우리는 세계를 언제나 이미 어떤 특정한 방식으로 이해하고 있으며, 돌아봄 속에는 이미 타자가 처해 있는 상황에 대한 이해가 숨어있다. 자기 자신에 대한 '인식' 역시 세계를 거쳐, 세계를 통해 가능할 뿐이다. "실존하는 존재자는, 그것이 자기의 실존의 동근원적 구성계기인 세계와의 병존, 타자와의 공존에서 투시되어지는 한, 오직 그 때만 비로소 '자기를' 보게 된다."(146)

5.6. 이해와 해석

현존재는 가능존재이다. 현존재는 특정한 가능성들을 향해 자신의 존재를 던진다. 현존재는 이러한 던짐(기투)의 가능성으로서 존재한다. 현존재는 이러한 가능성 이외의 다른 것이 아니다. 이런 의미에서 현존재는 철두철미 가능존재이다. 예컨대 나는 지금 한 권의 책을 쓰고 있다. 내가 쓰고 있는 책은 아직 완성되지 않았다. 책의 완성은 아직 가능성으로 존재할 뿐이다. 가능성으로 존재할 뿐이지만 바로 그 가능성을 향한 나의 던짐(기투)을 통해서 나는 책을 쓸 수 있다. 만일 책이 완성될 가능성을 내가 나의 가능성으로서 이해하고 있지 못하다면, 하이데거 식으로 표현해서, 그 가능성이 나에게 가능성으로서 '개시'되어 있지 못하다면, 나는 결코 책을 쓸 수 없을 것이다. 그렇다면 가능성을 향한 이러한 던짐, 가능성의 이러한 개시는 어떻게 가능한 것일까?

이 물음에 대한 하이데거의 대답은 바로 해석(Auslegung)이다. 가능성에 대한 해석을 통해서 그 가능성이 나에게 가능성으로서 열린다. 모든 해석은 근원적인 이해 안에 그 근거를 가지고 있다. 해석은 가능성에 대한 앞선 이해 - 하이데거 식으로 표현하자면 전(前)주제적 이해 - 를 주제화함으로써 이루어진다. 그러므로 해석은 앞선 이해와 달리 '분명하게' 이해되고 규정된 것이다. 해석을 통해 이해된 것, 즉 해석된 것은 어떤 것을 어떤 것으로서(etwas als etwas) 규정하는 성격을 가진다. 예컨대 우리는 연필을 필기용구로 해석하고, 망치를 못을 박는 도구로 해석하고, 창 밖에서 들리는 사이렌 소리를 경고음으로 해석한다. 이러한 '로서'(als)를 통해서 해석은 하나의 사물을 의미의 전체 맥락 속에 집어넣는다.

어떤 것을 어떤 것으로서 해석하는 것은 예지(豫持, 앞서가짐, Vorhabe), 예시(豫視, 앞서봄, Vorsicht), 예파

(豫把, 앞서잡음, Vorgriff)로 이루어진 이해를 통해 가능해진다. 예컨대 어떤 사이렌 소리를 경고음으로 해석할 수 있기 위해서는 사이렌 소리가 일반적으로 어떤 경고를 뜻한다는 사실에 대한 이해(예지), 지금 울리는 사이렌 소리가 '실제로' - 모든 사이렌이 경고를 뜻하는 것은 아니므로 - 어떤 것에 대한 경고라는 사실에 대한 이해(예시), 특히 도대체 무엇이 경고이고, 무엇이 사이렌 소리인지에 대한 이해(예파)가 필요하다. 이러한 이해가 선행하지 않고서 사이렌 소리를 경고음으로 해석하는 일은 불가능하다. 이처럼 해석은 우리가 언제나 이미 이해하고 있는 것에 대한 명료화이다. '의미'(Sinn)는 바로 이러한 명료화에서 비롯된다. "이해하는 개시 안에서 [명료하게] 표현 가능한 것을 우리는 의미라고 부른다."(151)

의미는 앞선 이해(예지, 예시, 예파)를 통해 이미 주어진 것들의 명료화를 통해서 비로소 획득되는 것이다. 그러므로 의미는 어떤 존재자나 어떤 명제가 소유하고 있는 속성이 아니라, 현존재의 존재방식, 즉 실존범주로 이해되어야 한다. 예컨대 우리가 흔히 말하는 삶의 '의미'는 삶이라는 말이 가지고 있는 낱말 뜻도 아니고, 삶의 어떤 외적 속성이 아니라, 내가 영위하는 삶의 기투가 향하고 있는 바로 그것이다. 즉 내가 그것을 향해 나의 전 존재를 던지는 바로 그것이 나의 삶의 의미이다.

모든 이해는 해석을 통해서만 구체화될 수 있다. 구체적인 해석을 통하지 않고서 이해는 명확하게 드러날 수 없다. 그러나 또한 우리는 우리가 이미 이해하고 있는 것만을 어떤 것으로 해석할 수 있다. 이해와 해석은 이처럼 순환적인 관계를 맺고 있다. 이해와 해석 간의 순환은 피해야 할 어떤 것이 아니다. 이른바 논리적 악순환과는 거리가 멀다. 이해와 해석 간의 순환은 피할 수도 없고, 피해서도 안 된다. "중요한 것은 순환에서 빠져나오는 것이 아니라, 그 안으로 제대로 들어가는 것이다."(153)

5.7. 해석과 진술

모든 해석은 어떤 의미의 표현이다. 그러나 모든 해석이 언제나 명확하고 구체적인 것은 아니다. 해석의 한 양태로서 진술(Aussage)은 이해의 세 가지 계기들(예지, 예시, 예파)에서 비롯된다. 그러므로 모든 진술과 그 안에 담긴 판단은 그에 앞서 있는 이해 내용의 언어적 명료화(의미분절)이다.

하이데거는 진술의 종류를 제시, 서술, 전달 세 가지로 나눈다. 첫째, 진술은 어떤 존재자의 단순한 개념적 설명이 아니라, 그것의 상황을 드러내어 보여줄 수 있다. 예컨대 '망치가 너무 작다'는 진술은 그것이 너무 작아서 못을 박기에 불편하다는 특정 상황을 드러내어 보여주고 있다. 둘째, 진술은 한 문장의 주어에 술어를 연결함으로써 이루어진다. 예컨대 '망치가 너무 작다'라는 진술 안에는 '너무 작다'라는 술어를 통해서 망치라는 주어에 대한 규정과 판단이 포함되어 있다. 물론 이러한 서술(규정)은 동시에 어떤 상황의 보여주기(제시)이기도 하다. 셋째, 제시와 서술(규정)로서의 진술은 동시에 어떤 사실의 "피력"(155)이기도 하다. 즉 '망치가 너무 작다'라는 진술은 언제나 타자에게 그 사실을 전달하는 소통의 기능을 가진다. 진술의 세 가지 계기들은 이처럼 서로 불가분의 관계를 맺고 있다. "진술은 전달하면서 규정하는 제시이다."(156)

그렇다면 진술은 어떤 의미에서 해석의 양태인 것인가? '망치가 너무 작다'라는 진술은 망치라는 도구가 속해 있는 도구연관 내지 의미맥락에 대한 앞선 이해를 바탕으로 해서만 비로소 가능하다. 망치라는 용재자에 '너무 작다'라는 술어를 연결함으로써 망치를 특정 성격을 가진 망치로서 분명하게 규정한다. 망치를 망치라는 하나의 사물로서 구체적으로 보여준다. 하이데거는 이러한 '로서'를 제시적 '로서'(apophantisches Als)라고 부르면서 해석학적 '로서'(hermeneutisches Als)와 구분한다.

'해석학적 로서'는 '제시적 로서'보다 더 근원적이고 포괄적이다. '해석학적 로서'는 어떤 것을 그것의 의미맥락에서 이해하기에 - '제시적 로서'와는 달리 - 진술을 필요로 하지 않는다. 그러나 이처럼 진술되지 않는다는 이유로 '해석학적 로서'가 간과되어서는 안 된다. "말[진술]의 결여에서 해석의 결여라는 결론이 도출되어서는 안 된다."(157) 모든 진술은 언제나 이미 하나의 해석을 전제하고 있다. 진술의 근저에서 그것을 가능하게 만드는 이러한 '해석학적 로서'는 전통 논리학에서 늘 은폐되어 왔다. 전통 논리학은 로고스를 오직 전재성의 차원에서 이해했기 때문에, 로고스가 이미 해석을 전제하고 있다는 사실, 또한 해석이 현존재의 근원적인 실존방식으로서의 이해 안에 그 근거를 가지고 있다는 사실도 완전히 망각하고 있다.

5.8. 말과 언어

처해있음과 이해 외에 우리가 세계 안에서 '거기'에 존재하는 방식, 즉 안에-있음(In-Sein)의 세 번째 계기는 말(Rede)이다.[25] 이해는 자신의 내부에 언제나 해석의 가능성을 가지고 있다. 이해된 것을 진술의 형태로 표현함으로써 이해는 그 가능성을 현실화한다. 물론 모든 의미가 반드시 진술의 형태로 표현될 필요는 없다. 그러나 의미의 표현은 넓은 의미에서 말의 형식을 띠게 마련이고, 이런 의미에서 말은 언어(Sprache)의 존재론적 토대를 이룬다. "말의 언표가 언어이다."(161)

말은 실존범주이다. 현존재가 없다면 말도 없다. 물론 말을 하는 동안 현존재가 실존한다는 식으로 오해되어서는 안 된다. 오히려 여기서 말은 말없음과 들음을 포함하는 매우 포괄적인 개념으로 이해되어야 한다. 왜냐하면 말에 대한 이러한 실존론적 규정의 근거 위에서만 침묵과 청취가 비로소 가능하기 때문이다.

좁은 의미의 말, 즉 '언어'(Sprache)는 '말'이 간직하고 있는 근원적이고 포괄적인 의미를 보다 분명하게 전달한다. 그러므로 언어는 타자와의 공존 영역에 속한다. 언어를 통한 의미 전달은 단순한 정보 전달과는 구분되어야 한다. 왜냐하면 언어를 통한 의미 전달은 진술의 형태를 넘어서서 허용, 거부, 요청, 경고 등 여러 가지 형태로 가

---

25) 말(Rede)은 그리스어 logos를 하이데거가 독일어로 옮긴 것이다.

능하기 때문이다.

의사소통이 전달의 전부는 아니다. 예컨대 시어(詩語)는 직접적인 의사소통도 아니고, 어떤 정보의 전달도 아니다. 하지만 시어도 무엇인가를 전달하긴 한다. 그것은 바로 "처해있음의 실존론적 가능성의 전달"이다.(162) 시어는 인간이 처해있는 근원적인 상황에 대한 해명이며, 따라서 실존론적 언어의 전형이다. 횔덜린과 같은 시인에게서 우리는 그가 어떤 소통을 시도하고 있다는 인상을 전혀 받지 못한다. 소통은커녕 오히려 모든 소통을 거부하고 있는 듯 보이기까지 한다. 하지만 이러한 인상은 잘못된 것이다. 그의 시어에는 인간이 처해있는 근원적인 존재 상황에 대한 깊은 이해가 담겨 있기 때문이다.

말과 이해의 관계는 실존론적으로 파악된 말의 한 양태인 '들음'(Hören)에 대한 분석에서 더욱 분명해진다. 들음은 귀 기울여 들음(경청), 엿들음, 흘려들음 등을 포함하는 포괄적 개념이지만, 여기서 중요한 것은 도대체 '듣는다'는 현상이 무엇을 의미하며 어떻게 가능한가 하는 것이다. 들음은 단순히 어떤 소리를 듣는 것이 아니다. 소리의 지각이 먼저 있고, 그 다음에 그것에 대한 이해가 발생하는 게 아니다. 오히려 정반대로 먼저 이해가 있고, 그 다음에 어떤 것에 대한 들음이 있다. "현존재는 이해하기 때문에 듣는다."(163)

들음은 언제나 이해와 불가분의 관계를 맺고 있다. 아무 말도 하지 않음(침묵)도 - 이해와 관계하는 한 - 말의 한 양태이다. 실존론적 관점에서 볼 때 침묵은 단순한 말없음과는 본질적으로 다른 현상이다. 말을 전혀 하지 않는 침묵이 때론 많은 말보다 더 많은 것을 이해시키고 전달할 수 있다. 타자와의 의사소통 역시 언제나 이미 이해와 관계한다. 타자와의 함께-있음은 함께-말함에서 비로소 발생하지 않는다. 오히려 함께-말함은 상호 이해에 근거한 함께-있음의 근거 위에서만 가능하다.

이 모든 것은 실존범주로서의 말이 가지는 다양한 현상들이다. 이들 현상은 한편으로 현존재의 현사실성을, 다른 한편으로 실존론성을 드러낸다. 현존재는 언제나 상황 속에 던져져 존재할 뿐만 아니라, 그 상황에 대한 이해를 바탕으로 자신의 고유한 가능성을 향해 기투한다는 사실이 말을 통해 분명하게 드러난다. 하이데거는 이렇게 말을 실존론적으로 파악하기에 언어를 탐구대상으로 삼는 학문, 즉 언어철학과 언어학에 대해 비판적 입장을 취한다. 언어철학과 언어학은 언어를 탐구 가능한 전재적 존재자로 파악한다는 것이다. 특히 언어학은 너무 오랫동안 진술로서의 언어에만 매달려 왔다. 그러나 언어는 세계 안에 존재하는 어떤 것이 아니다. 언어는 그 자체 현존재의 존재방식으로서, 오직 현존재로부터 내재적 접근을 허용할 뿐이다.

5.9. 퇴락

현존재의 실존론적 구조는 기분(처해있음, 피투성), 이해(기투), 말(언어)이라는 세 가지 계기에 대한 탐구를 통해 그 전모가 드러났다. 피투적으로 기투하는 존재자로서 현존재는 말을 통해 자신의 존재를 표현한다. 이것은 현존재의 '본래적' 실존 방식이다. 그러나 일상적 현존재의 실존 방식은 '비본래적'이다. 즉 일상성에 있어서 현존재는 자기 아닌 세인의 모습으로 살아간다. 그러므로 현존재의 실존론적 구조 역시 그 본래성에 상응하여 세 가지 비본래적 계기들을 가져야 한다. 말의 비본래적 계기는 빈말(Gerede)이고, 이해의 비본래적 계기는 호기심(Neugier)이고, 빈말과 호기심의 결합은 애매함(Zweideutigkeit)을 낳는다. 끝으로 현존재의 피투성에 상응하는 비본래적 계기는 퇴락(Verfallen)이다.

먼저 빈말(Gerede)은 말(Rede)의 비본래적 형태이다. 빈말은 현존재가 세인으로서 세계 안에서 존재하는 첫 번째 방식이다. 빈말을 통해 사람들은 별 생각 없이 다른 사람들의 말을 퍼 나르고, 확대 재생산하고, 따라한다. 이러는 가운데 빈말은 점차 "권위의 성격"(168)을 띠게 된다. 세인의 영역에서 빈말은 자명한 사실이 된다. "그것은 사실이다. 왜냐하면 사람들이 그렇다고 하니까."(168) 이렇게 빈말은 올바른 이해의 가능성을 차단해버린다. "빈말은 사실에 대한 앞선 천착 없이 모든 것을 이해하는 가능성이다."(169) 물론 이러한 일은 빈말만이 아니라 빈글(베껴쓰기, Geschreibe, 169)에서도 일어난다.

호기심(Neugier)은 이해의 비본래적 형태를 가리킨다. 호기심도 이해와 마찬가지로 보는 것의 연장선상에 놓여 있다. 이해와 마찬가지로 호기심도 어떤 것을 본다. 그러나 이해와는 다른 방식으로 본다. 이해와 달리 호기심은 어떤 것의 겉모습에 집착하는 경향이 있다. 호기심에서 중요한 것은 본 것에 대한 참된 이해, 그것과의 참된 관계맺음이 아니다. 호기심의 목적은 다른 데에 있다. 즉 호기심은 세계-내-존재의 부담을 줄이기 위한 것이다.

호기심은 세계 안에 머물러 있음을 거부한다. 호기심은 끊임없이 새로운 것을 찾아 나서고, 여러 곳에 관심을 분산시킨다. 호기심은 늘 새로운 것을 추구하고, 새로운 자극을 찾아 나서지만, 어느 것에도 오래 머무르지 못하고, 모든 것에 너무 쉽게 질린다. 그러므로 호기심은 한 곳에 오래 머무르면서 조용히 응시하는 봄, 예컨대 철학적 관조와는 전혀 다른 것이다. 호기심이 늘 새로운 지식의 획득을 추구하는 데 비해, 철학적 관조는 무지의 자각을 지향한다. 호기심의 근본 특징은 어디에도 머무르지 못하고 늘 떠돈다는 데 있다. "[호기심의 대상은] 어디에나 있

으며, 또한 어디에도 없다."(173)

빈말과 호기심은 무관하지 않다. 빈말은 호기심에게 "사람들이 무엇을 읽고, 무엇을 봐야하는 지를"(173) 끊임없이 말해 준다. 반면에 호기심은 빈말에게 끊임없이 말할 거리를 제공해준다. 빈말과 호기심은 끈끈한 연대 속에서 하나가 된다. 이 세상에서 호기심 앞에 노출되지 않는 것은 없고, 빈말이 이해하지 못하거나 화제 삼지 못할 것도 없다. 호기심과 빈말을 통해서 세상 사람들은 이 세상의 모든 것을 보고, 모든 것에 대해 말한다. 세인이 알지 못하는 것은 이 세상에 존재하지 않는다.

이처럼 빈말과 호기심은 이 세상의 모든 것에 대해 말하고, 보이는 모든 것을 이해한다고 자처하지만, 사실은 그 어느 것도 확실치 않다. 빈말과 호기심의 대상이 되는 그 어느 것도 참되지 않고 불분명하다. 참된 것인 듯 보이다가 어느새 거짓으로 드러나고, 또렷하게 보이다가 어느새 불투명해지고 만다. 도대체 무엇이 참이고 거짓인지, 도대체 누가 본래적이고 비본래적인지 결정할 수 없게 된다. 바로 이 지점에서 애매함(Zweideutigkeit)이 발생한다.

애매함은 특히 타자와의 함께-있음에서 두드러진다. 타자는 우선, 세상 사람들이 그에 대해 말해주는 모습으로 다가온다. 즉 세상 사람들의 빈말 속에서 타자와 나의 만남이 이루어진다. 그에 대해 내가 가지고 있는 관심과 흥미(호기심)는 주로 세상 사람들이 나에게 말해준 것들에 의한 것이다. 타자에게 우선 중요한 것도 나에 대해 세상 사람들이 말한 것이다. 세상 사람들에게서 들은 것을 매개로 하여 타자와 나 사이에는 "긴장되면서도 애매한 상호 탐색"(175)이 시작된다.

애매함이 지배하는 세상에서 사람들은 무엇이 참되고 무엇이 거짓인지 더 이상 알 수 없게 된다. 무엇을 해야 하는지 누구나 다 안다고 생각하지만, 누구도 그것을 행하지 않는다. 애매함은 이제 일상적 현존재의 근본특징으로서의 퇴락을 가리킨다.

빈말과 호기심, 그리고 이들의 결합이 만들어내는 애매함은 현존재의 비본래적 실존의 주요 계기들이다. 하이데거는 이러한 계기들의 공통분모를 하나로 묶어서 퇴락(Verfallen)으로 규정한다. 실존범주로서의 퇴락은 윤리적, 종교적 타락을 의미하지 않는다. "[퇴락은] 더 순수하고 더 높은 어떤 '근원상태'에서의 추락"(177)을 의미하지 않는다. 일상적 현존재는 결코 퇴락에서 벗어날 수 없다. 퇴락은 거기에서 벗어나고 말고 할 수 있는 어떤 것이 아니다. 퇴락은 인간이 인간으로서 실존하는 한 유지하지 않을 수 없는 근본적인 존재방식, 즉 실존범주이다. 현존재는 - 퇴락에서 벗어나기는커녕 - 오히려 본래적 실존을 위해 세계로의 퇴락을 필요로 한다. 본래적 실존은 비본래적 실존의 '극복'을 통해 이루어질 수 없다. 현존재는 그의 실존이 본래적으로 이루어지든, 비본래적으로 이루어지든, 세계-내-존재라는 점에서는 전혀 다를 바 없다. "본래적 실존은 퇴락하는 일상성 너머 어딘가에 부유하는 것이 아니라, 실존론적으로 오직 퇴락하는 일상성의 변양된 파악일 뿐이다."(179)

퇴락은 현존재의 피투성의 가장 분명한 징표이다. 그러나 일상적 현존재는 그가 처해있는 이러한 근원적 상황(피투성, 퇴락)을 직시하기보다는, 이런저런 중요하고도 시급한 일들을 핑계 삼아 자신의 근원적인 현실을 외면하기 바쁘다. "이제 '세계'로의 퇴락은 멈추지 않게 된다."(178) 일상적 분주함 속에서 현존재는 잘 살고 있다고 굳게 믿지만, "가장 고유한 존재가능성이 [자신에게] 은폐되어"(178) 있는 한, 이것은 착각에 불과하다.

이러한 착각으로부터 벗어나게 하는 것이 바로 - 나중에 밝혀지게 되겠지만 - 죽음을 향한 선구, 불안, 양심의 부름이다. 이 세 가지 계기들은 공통된 기능을 가지고 있다. 그것은 바로 현존재로 하여금 비본래적 실존에서 본래적 실존에로 나아가도록 한다는 것이다. 물론 이러한 나아감 혹은 변양은 저절로 이루어지지 않는다. 비본래적 실존은 일상성의 본질적 특징에 속한다. 현존재는 언제나 이미, 우선 대개 비본래적 실존의 형태로 존재한다. 그래서 우리는 이러한 일상적 실존을 심지어 '정상적'이라 부르기도 한다. 본래성에로의 진입은 그렇다면 일종의 비정상 상태로의 진입이 된다. 본래적 실존은 이렇게 안온한 일상의 파괴를 통해서만 이루어진다.

토트나우베르크 이정표

6.1. 불안

6.2. 염려

6.3. 실재성

6.4. 비은폐성

Chapter 6
염려

06.

염려

6.1. 불안

지금까지 우리는 현존재의 존재를 구성하고 있는 계기들을 분석해 왔다. 이제 문제는 이 계기들의 전체성에 대해 묻는 것이다. 현존재는 과연 자기 자신을 하나의 '전체'로서 경험할 수 있을까? 이러한 경험은 어떻게 가능한가?

현존재의 전체성이 하나의 현상으로서 경험 가능하기 위해서는 어떤 식으로든 접근할 수 있어야 한다. 하이데거는 현존재의 전체성에 대한 접근을 가능케 하는 통로를 불안(Angst)에서 찾는다. 불안이라는 근본기분에서 현존재의 전체성이 드러난다고 보기 때문이다. 하이데거 식으로 말하자면 불안 안에서 현존재에게 자신의 전체성이 탁월한 방식으로 개시된다. 즉 불안 안에서 인간은 자신의 삶을 송두리째 문제 삼게 된다. 이런 의미에서 불안은 '탁월한' 개시성이다.

앞에서 말했다시피 현존재는 일상 속에서 퇴락의 존재방식을 가지고 살아간다. 이때 퇴락은 자기상실과 자기도피의 성격을 띤다. 그러나 자기로부터의 도피가 가능하다면, 도피하지 않음도 가능해야 하지 않을까? 그렇다. 현존재의 자기도피는 이미 자기 자신으로 존재할 수 있는 가능성을 전제하고 있다. "현존재가 존재론적으로 (...) 도대체 자기 자신 앞에 서 있는 한, 그는 자기 앞에서 도피할 수 있다."(184)[26]

불안도 공포와 마찬가지로 일종의 도피이긴 하지만, 공포의 대상이 어떤 특정한 것인데 비해 "불안의 대상은

---

26) 이러한 화법은 하이데거 특유의 논리에서 비롯된다. 예컨대 하이데거의 생각에 따르면 인간의 부자유는 이미 그의 자유를 전제한다. 인간의 가능성이 속박될 수 있는 것은, 즉 자유롭지 않을 수 있는 것은, 이미 인간의 가능성이 근원적으로 열려 있기 때문이다. 즉 인간이 근원적인 의미에서 이미 자유로운 존재가 아니라면, 자유롭지 않음도 불가능하다.

세계 그 자체"(187)라는 점에서 큰 차이가 있다.[27] 세계로부터의 도피란 있을 수 없다. 왜냐하면 세계는 - 앞에서 밝혀졌듯이 - 현존재와 마주 서 있는 어떤 사물이 아니라, 현존재의 구조계기이기 때문이다. 우리가 불안에서 느끼는 아득함 혹은 아찔함은 세계 내에 존재하는 어떤 특정 존재자가 아니라, 세계 자체에서 비롯된 것이다. 공포와는 달리 이런 불안에서 현존재는 어떤 도피처도 발견할 수 없고, 속절없이 그것에 사로잡혀 있다는 느낌을 가지게 된다. 이처럼 불안의 대상은 아무 것도 아니고, 어디에도 없음, 즉 무(無)이다.

우리는 우리를 불안하게 하는 것이 무엇인지 알지 못하고, 도대체 무엇에 대해서 불안해하는지도 말하지 못한다. 그러나 불안의 이러한 무규정성을 통해 우리는 우리 자신으로 되돌아오게 된다. 불안에 사로잡힌 현존재는 역설적이게도 세계 안에 존재하는 그 어떤 것 앞에서도 두려움을 느끼지 않게 되고, 오직 자기 자신의 존재에만 집중할 수 있게 된다. 불안 속에서 자신의 존재 자체를 문제 삼는 사람에게 '세상적인' 두려움은 더 이상 존재

27) 불안이 없다면 공포는 불가능하다. 불안은 공포의 가능 조건이다. 공포는 "세계에 퇴락해 있는, 비본래적인, 자기 자신에게 은폐되어 있는 불안"(189)이다.

하지 않게 된다. 불안 속에서 현존재가 자기 본연의 모습을 되찾는 현상을 두고 하이데거는 개별화 혹은 단독화(Vereinzelung)라고 표현한다.[28] 불안을 통해서 현존재는 분열되지 않은 한 개인, 전체로서의 나 자신과 대면하게 된다. 나를 불안하게 하는 것은 바로 '나 자신'이다. 나의 존재 가능성이 열려 있기 때문이다. 나의 존재 가능성이 열려 있지 않고, 닫혀 있다면, 혹은 이미 모든 것이 결정되어 있다면, 불안이라는 현상은 있을 수 없다.

그러므로 불안은 "가능존재로서의 현존재"(188)의 열려있음(Freisein), 즉 자유의 징표라고 말할 수 있다. 자기 자신으로부터의 도피를 중단하고, 자기 자신의 본래적 실존 가능성을 선택할 수 있는 자유의 가능성이 열려 있지 않다면 불안은 있을 수 없다. 불안은 자유의 심연 앞에서

---

28) 본래적 실존 혹은 실존의 본래성에 도달하기 위해서 현존재는 근원적 시간경험을 필요로 한다. 그런데 이러한 근원적 시간경험은 현존재의 단독화를 통해서만 가능하다. 일상적으로 현존재는 우선 대개 자신의 고유한 존재에 대한 무관심 속에서 살아가고 있다. 하이데거는 이것을 진정한 자기 앞에서의 '도피'라는 말로 특징짓는다. 본래적으로 실존하기 위해서는 바로 이러한 도피가 중단되어야 한다. 그래야 현존재는 본연의 자기 자신 앞에 설 수 있다. 자기 자신과의 대면 없이 본래적 실존은 불가능하다. 이러한 자기 자신과의 대면을 가능케 하는 것이 바로 하이데거가 말하는 '단독화'이다.

느끼는 현기증이다.

불안에서 드러난 나의 정체, 가능존재로서의 나의 모습은 나를 불편케 한다. 더 이상 세계는 편안한 안식처가 아니다. 타자와의 함께-있음도 더 이상 안락하지 않다. 이렇게 불안은 나를 나 자신 앞에 서게 하고, 홀로 있게 한다. 나를 고독에 빠뜨린다. 불안과 고독 속에서 나는 내가 '아무 이유 없이' 존재하고 있다는 '적나라한' 사실과 직면한다. 존재의 이러한 적나라한 사실 - 카뮈 식으로 말해서 '부조리한 현실' - 이 불편하기에 그로부터 벗어나려 애쓰지만, 이러한 노력에도 불구하고 불안은 결코 사라지지 않는다. 사라지기는커녕 불안은 끊임없이 "현존재를 그의 [일상적] 퇴락으로부터 소환하여 본래성과 비본래성을 자신의 존재가능성으로서 드러낸다."(191)

불안은 세계 내부적 존재자의 모든 의미가 무의미의 심연으로 가라앉아 버리는 상황 속에서 오히려 세계 자체를 드러내고 개시해준다. 불안은 세계의 열린 장을 가장 근원적인 방식으로, 모든 인식에 앞서서 개시한다. 물론 이 말은 불안 안에서 세계의 세계성이 사유를 통해 파악됨을 의미하지 않는다. 불안에서 드러나는 세계의 의미에 대한 사유는 철학의 몫이다. 철학은 불안에서 드러나는 세계의 의미를 사유를 통해 이해하고 파악하기 위한 노력이다.

불안에서 우리를 향해 쇄도해 들어오는 것은 특정 존재자가 아니라, 세계의 열린 장 - 그 존재자가 존재자로서 비로소 드러나고, 존재할 수 있는 - 자체이다. 달리 표현해서 불안은 우리가 항상 그 안에서, 존재 자체와의 관계 속에 서 있는 '거기' 앞으로 우리를 데려간다. 즉 불안 속에서 현존재는 자기 자신에게 탁월한 방식으로 열려 있게 된다.

이제 우리는 불안 현상의 분석이 왜 하이데거의 실존론적 분석에서 그토록 중요한 방법론적 기능을 하게 되는지를 이해할 수 있게 된다. 하이데거가 불안 현상에 관심을 가지는 것은, 그가 어떤 염세주의나 고독한 영웅주의를 설파하기 위해서가 아니다. 즉 하이데거가 불안 현상에 관심을 가지는 것은 불안 속에서도 꿋꿋하게 버티는 어떤 영웅적인 모습을 인간에게서 찾아내기 위함이 아니다. 불안 속에서 현존재가 세계를 만나게 되고, 그럼으로써 결국 자신의 존재와 만나게 된다는 것 말고 하이데거가 불안 현상에 관심을 가지는 다른 이유는 없다. 그렇다면 하이데거는 현존재의 존재를 무엇으로 규정하는가? 그것은 바로 '염려'(Sorge)이다.

6.2. 염려

현존재의 존재는 실존론성(Existenzialität), 현사실성(Faktizität), 퇴락성(Verfallenheit)이라는 세 가지 계기로 구성되어 있으며, 이것들은 각각 이해(Verstehen), 처해있음(Befindlichkeit), 말(Rede)의 현상을 통해 접근 가능하다. 그렇다면 이렇게 따로 떨어져 있는 듯 보이는 실존범주들을 유기적으로 연결하여 하나의 전체로 파악할 수는 없는 것일까? 우리의 얼굴은 눈, 코, 귀, 입 등으로 이루어져 있지만 그 어느 것도 얼굴 자체는 아니다. 눈이나 코, 귀나 입을 따로 떼어서 분석한다고 해서 얼굴의 전체적인 의미가 해명되는 것은 아니다. 이렇듯 우리의 몸은 각 지체로 구성되어 있지만 결국 몸이라는 전체 안에서 그 의미를 가질 뿐이다. 그렇기 때문에 각 지체를 따로 떼어내어 분석하는 것도 중요하지만, 그러한 분석은 궁극적으로 그것들이 합쳐져 이루는 전체로서의 몸을 이해하기 위한 것임을 늘 기억해야 한다. 실존분석도 이와 마찬가지이다.

말하자면 실존범주들에 대한 낱낱의 분석이 궁극적으로 지향하는 것은 인간 현존재의 본질, 즉 실존의 전체성 내지 통일성이다.[29] 실존론성부터 시작해보자. 자기 자신의 존재가 늘 문제인 존재자로서 현존재는 자기가 선택한 방식으로 존재할 수 있는 가능성을 향해 열려 있다. 이를 두고 하이데거는 자기 자신의 가능성을 향해 현존재가 자기를 '던진다', 즉 '기투한다'(entwerfen) 혹은 '앞지른다'(sich-vorweg)고 표현한다. 인간은 현재 자기 자신의 가능성에 머무르지 않고 늘 자신의 가능성을 향해 기투함으로써 자기 자신을 앞지르며 존재한다고 본다. 이처럼 인간 실존의 핵심은 자기 자신과의 - 특히 자신의 열린 가능성과의 - 관계맺음에 존립한다. 그러나 현존재의 이러한 앞지름 혹은 기투는 언제나 일정한 기분 속에서 이루어진다. 여기서 현존재의 실존(기투, 앞지름)이 가지는 현사실성 혹은 피투성이 드러난다.

세계를 벗어난 실존은 있을 수 없다. 이것이 바로 현존재의 현사실성이다. 현사실적으로 이루어지는 현존재의 실존은 일차적으로 세계 내에 존재하는 것들과의 관계

---

29) 현존재의 전체성(통일성)에 대한 암시는 이미 불안 현상에서 암시된 바 있다. 즉 불안이 우리 자신의 존재를 그 '전체'에 있어서 문제 삼게 해준다고 할 때 이미 하이데거가 어떤 식으로든 '분석'에 이어 '종합'의 방법을 사용할 것이라는 사실을 예견할 수 있었다. 실제로 『존재와 시간』의 1부가 실존의 구성 계기들에 대한 분석적 고찰이라면, 2부는 그것에 대한 종합적 해석이라고 말할 수 있다.

에 얽매여 있다. 즉 현존재는 세계 내에서 우선 대개의 경우 '퇴락'의 방식으로 실존한다. 세계로의 퇴락은 현존재가 자기 자신과 본래적인 관계를 맺기 힘들게 한다.

하이데거가 염려(Sorge)라고 부르는 것은 이상에서 말한 현존재의 존재가 가지고 있는 세 가지 근본계기들을 하나의 단어로 합쳐 놓은 것이다. 염려라는 말이 실존론성과 현사실성과 퇴락성을 하나로 연결시키기 위한 것으로서 얼마나 적절한지 혹은 왜 하필이면 하이데거가 다른 것들은 제쳐두고 - 예컨대 사랑이나 희망과 같은 긍정적인 표현 - 굳이 염려를 현존재의 존재라고 보는지 묻는 것보다 더 중요한 것은 우선 이 말에 담겨 있는 의미를 이해하는 것이다.[30)]

---

30) 왜 하이데거가 다른 표현들은 놔두고 굳이 '염려'라는 표현을 현존재의 존재와 연결시키는 지를 묻는 것과 관련하여 『존재와 시간』 §42는 많은 시사점을 던져 준다. 여기에서 하이데거는 신화적 사유에 있어서도 이미 염려가 인간의 근본구조로서 이해되어 왔다는 사실을 보여준다. 휘기누스(Hyginus)의 우화에 따르면 쿠라(cura, 염려)는 흙을 가지고 인간의 형상을 빚었다. 쿠라는 주피터에게 인간의 형상 안에 영혼을 불어넣어 줄 것을 부탁했다. 이렇게 해서 인간이 탄생했지만, 그의 이름을 누가 짓느냐를 두고 주피터(수확)와 쿠라(염려)와 텔루스(대지) 사이에 말다툼이 벌어진다. 이때 사투르누스(시간)가 나타나 판정을 내린다. '인간이 죽으면 그의 영혼은 주피터가 거두어 가고, 육체는 텔루스가 가져가라. 그러나 살아 있는 동안은 쿠라(염려)가 인

앞에서 말했다시피 현존재의 실존론성은 언제나 이미 - 불안이라는 기분을 통해 가장 근원적으로 개시되는 - 현사실성에 의해서 규정되어 있다. 그러나 이렇게 현사실적으로 실존하는 현존재는 또한 언제나 이미 어떤 식으로든 세계 내부적 존재자와의 관계 속에 있기도 하다. 현사실적 실존으로서 자기를 앞지르며 존재하는 현존재는 동시에 세계 내부적 존재자와의 함께-있음(곁에-있음, Sein-bei)이기도 한 것이다. 그러므로 하이데거는 현존재의 존재를 그 형식적 전체성에 있어서 "(세계 내부적 존재자와) 함께 존재하면서 (세계) 안에 이미 존재하는 자기 앞지름"(192)으로 규정한다. 하이데거가 현존재의 존재를 염려(Sorge)라는 말로 부를 때 염두에 둔 것은 바로 이러한 형식적 전체성 이외의 다른 것이 아니다.

하이데거가 『존재와 시간』에서 현존재의 존재를 가리키기 위해서 사용한 이 염려라는 표현은 철저하게 철학적으로, 즉 실존론적으로 이해되어야 한다. 즉 그것은 어떤

간을 소유하라. 왜냐하면 흙으로 인간을 빚은 것은 쿠라(염려)이기 때문이다.' 이 우화가 잘 보여 주듯이, 살아있는 동안 인간은 염려의 지배하에 있을 수밖에 없다. 영혼(주피터)과 육체(텔루스)보다 염려(쿠라)의 힘이 더 세다. 그리고 무엇보다 중요한 것은 이 모든 결정이 다름 아닌 시간(사투르누스)에 의해 내려진다는 사실이다.

일상적인 근심이나 걱정을 의미하지 않는다. 그러므로 인간의 삶이 근본적으로 걱정 근심에 의해 규정되어 있다는 식의 의미로 오해되어서는 안 된다. 실존론적 개념으로서의 염려는 이러한 일상적 의미와는 무관하다.

이렇게 현존재의 존재가 실존론적 의미로 파악된 염려라면, 세계 내부적 존재자와의 함께-있음(곁에-있음, Sein-bei)은 그에 대한 고려(Besorge)이고, 다른 현존재와의 함께-있음(Mit-sein)은 배려(Fürsorge)이다. 하이데거가 염려를 현존재의 존재로 규정할 때 염두에 두고 있는 것은 바로 이러한 사실, 즉 어떤 식으로든 현존재는 자기 자신과 관계를 맺고 있을 뿐만 아니라, 자신 이외의 다른 현존재, 다른 사물들과 언제나 이미 어떤 식으로든 관계를 맺고 있다는 사실이다.

어쨌든 하이데거가 현존재의 존재를 지칭하면서 사용하는 이 모든 용어들이 실존론적 분석을 위한 철학적 개념으로 이해되어야 하지, 결코 일상적 의미로 이해되어서는 안 됨은 아무리 강조해도 지나침이 없다. 그러나 철학을 위한 언어가 따로 있고, 일상적 삶에서 사용되는 언어가 따로 있지 않기 때문에, 여러 가지 난점에 봉착할 수밖에 없는 것도 사실이다. 철학의 언어가 오직 자신만의 언어일 수는 없기 때문이다. 따라서 하이데거가 아무리 염려가 일상적 의미로 받아들여져서는 안 된다고 강조하더라도, 그 말을 읽거나 들으면서 일상적 의미와 무관하게 오직 철학적 개념으로서만 이해하기란 거의 불가능에 가깝다. 결국 우리는 하이데거의 철학 개념을 가능한 한 일상적 의미와 구분하면서, 그가 말하고자 하는 사태를 시야에서 놓치지 않도록 유의하고 가능한 한 신중하게 사용함으로써, 일상적 의미와의 혼동을 피하도록 최선의 노력을 다할 수밖에 없다.

현존재의 존재를 그 구조적 전체성과 통일성에 있어서 표현하고 있는 염려와 관련하여 또 한 가지 지적할 사실은 그것이 이론에 대한 실천의 우위 혹은 실천에 대한 이론의 우위에 대해서 어떤 결정도 내리지 않고 있다는 점이다. 하이데거는 현존재의 존재를 염려로 규정함으로써 플라톤과 아리스토텔레스로부터 헤겔에 이르기까지 지속되어 온 실천에 대한 이론의 우위[31)]에 반기를 드는 것도 아니고, 이론에 대한 실천의 우위를 주장한 마르크스의

31) 실천에 대한 이론의 우위는 플라톤과 아리스토텔레스로부터 헤겔에 이르기까지 유구한 전통을 자랑한다. 이 전통의 특징은 존재의 최고 형태를 현전성에서 찾는다는 점이다. 존재를 현전성으로 이해하게 되면 인간의 본질 내지 탁월성 역시 그에 상응하여 이론적 관계맺음의 능력에서 찾아지게 된다. 즉 존재에 대한 이론적 사유(관조, theoria)야말로 인간의 가장 고차원적인 실존방식으로 간주될 수밖에 없게 된다.

의견에 동조하는 것도 아니다. 하이데거가 말하는 현존재의 존재, 즉 염려는 다양한 행위들의 총체도 아니고, 충동과 욕구와 성향의 복합물도 아니다. 현존재의 존재로서의 염려를 이런 식으로 이해하게 되면 그것의 통일성과 전체성에 대한 하이데거의 물음을 왜곡하는 결과를 가져올 뿐이다.

6.3. 실재성

현존재는 언제나 자신과 타자의 존재를 이해하는 방식으로 존재한다. 이러한 앞선 존재이해는 세계 안에서 이루어진다. 현존재의 존재이해가 언제나 이미 그 안에서 이루어지는 이 세계는 결코 어떤 '대상'이 아니다. 전통철학은 세계 현상을 실재성(Realität)의 문제로 다루어왔다. 그런데 하이데거의 생각에 따르면 실재성은 현존재의 세계성 안에 그 기초를 가진다. 그렇다면 실재성은 현존재의 존재, 즉 염려의 구조로부터 도출해낼 수 있어야 한다. 실재성의 문제를 제기한 근대철학에서 핵심 물음은 네 가지이다. 첫째, 존재자는 '의식을 넘어서서' 존재하는가?(관념론적 물음) 둘째, 만일 그렇다면 외계는 증명 가능한가? 셋째, 외계는 그 즉자성에 있어서 인식 가능한가? 넷째,

도대체 '실재성'은 무엇을 의미하는가?

실재하는 존재자들은 직관적 인식을 통해 파악된다. 직관적 인식은 세계-내-존재로서 현존재의 한 존재방식이다. 현존재의 존재가 염려라면, 결국 직관적 인식은 염려의 한 방식이라고 말할 수 있다. 외계로서의 실재성이 과연 현존재와 독립하여 따로 존재하느냐 라는 물음은 실체로서의 의식이 전제될 때 비로소 가능할 뿐이다. 주체로서의 의식이 객체로서의 대상과 관계를 맺을 때 비로소 의식에서 독립하여 따로 존재한다고 여겨지는 실재성에 대한 인식도 가능해진다.

칸트는 『순수이성비판』의 '관념론 반박'[32]에서 외계의 증명이 아직 이루어지지 못했음을 탄식하듯 '철학의 스캔들'로 규정한다. 하지만 하이데거는 외계의 증명을 시도하는 것이야말로 스캔들이라고 본다. 칸트는 의식의 외부에 실재하는 세계를 증명하기 위해 자기의식의 현상을 여전히 가정하고 있다. 칸트가 가정하고 있는 자기의식은 - 적어도 하이데거의 관점에서 보면 - 여전히 전재적 혹은 세계 내부적이다. 의식에 의존하지 않는 외계를 가정하는 실재론과 의식에 대한 세계의 독립성(비의존성)을 믿

32) 칸트, 『순수이성비판』, B. 274 이하.

지 않는 관념론 간의 싸움 역시 현존재를 의식의 차원에서 이해하고 있다는 점에서는 크게 다를 바 없다.[33)]

실재성은 세계 내부적 존재자의 존재방식이다. 따라서 무엇이 실재성이냐 하는 것은 세계 내부성(Innerweltlichkeit)의 분석을 통해서만 설명될 수 있다. 딜타이(W. Dilthey)에 의하면 실재성은 자극과 의지에서 비롯된 저항성이다. 딜타이의 생철학은 의지와 억압에 대한 의식이 존재한다는 사실을 강조한다. 하지만 삶(生)이 전재적인 것으로 표상됨으로써 그것의 존재론적 의미에 대한 물음이 생략되고 말았다. 실재성의 존재론적 근원에 대한 물음의 생략은 결국 그것의 신비화로 이어졌다. 즉 의지와 삶의 저항성의 유래가 설명되지 못한 채 신비함의 영역에 머무르고 만 것이다.

이러한 존재론적 미진함은 딜타이적 생철학의 영향 하에 전개된 셸러(M. Scheler)의 현존 이론에서도 나타난다. 셸러가 말하는 현존(Dasein) 역시 전재적인 것, 세계

33) 그렇다면 하이데거의 현존재 분석은 실재론과 관념론 중 어느 것에 가까울까? 실재론과 관념론의 구별이 하이데거 철학에서 큰 의미를 가지는 것은 아니지만, 굳이 답변을 해야 한다면, 실재론에 가깝다. 왜냐하면 하이데거는 세계 내부적인 존재자가 의식에 독립하여 존재한다는 사실을 기꺼이 인정하기 때문이다.

내부적인 것을 의미한다. 셸러도 딜타이와 마찬가지로 의식에 대한 실재성의 저항이 이미 열려 있는 세계를 바탕으로 해서만 가능할 뿐이라는 사실, 즉 "실재성 문제 자체가 세계-내-존재의 한 방식"(211)임을 미처 깨닫지 못했다.

하이데거는 - 딜타이와 셸러가 간과한 - 의식에 대한 실재성의 저항이 어떻게 가능한 것인지 묻고자 한다. 그리고 그 존재론적 근거가 현존재의 염려 구조에서 해명될 수 있다고 믿는다. 이러한 해명을 위해서는 데카르트적 의식철학의 파괴가 요구된다. 세계는 의식의 너머에 외딴 섬처럼 존재하지 않는다. 의식 역시 세계와 마주하여 서 있는 대립자가 아니다.

실재성은 현존재의 염려 구조 안에 그 존재론적 근거를 가지고 있다. 존재자가 현존재에 의존하여 존재하는 것은 아니다. 그러나 이 존재자의 존재, 즉 실재성은 현존재에게 의존적이다. 실재성은 현존재의 존재이해가 선행하지 않는다면 불가능하기 때문이다. 태양이라는 존재는 현존재가 소멸한 이후에도 여전히 존재할 것이고, 현존재가 존재하기 전에도 존재했었다는 주장은 전적으로 옳다. 그러나 이 주장이 가능할 수 있기 위해서는 특정한 존재이해가 선행해야 한다. 현존재가 있기 전에 존재이해는 존재하지 않았고, 현존재가 소멸한 이후에는 더 이상 존재하지 않게 될 것이다. 태양이라는 존재자가 현존재가 존재하기 전에도 존재했었다는 사실은 오직 현존재에게만 실재성을 가진다. 현존재가 존재하기 이전이나 이후에 실재성은 가능할 수 없다. '이전'과 '이후'가 가능한 것 역시 오직 현존재를 통해서일 뿐이다.

6.4. 비은폐성

『존재와 시간』의 이른바 '진리의 장'(§44)은 가장 많은 분량을 자랑한다. 또한 『존재와 시간』 1부의 마지막이자 2부로 넘어가는 길목이기도 하다. 여기서 핵심 물음은 현존재와 진리가 서로 어떤 관계를 맺고 있느냐 하는 것이다. 하이데거가 실재성, 자기의식, 상호주관성 등과 같은 전통철학의 개념들을 언급한 것은 바로 이 물음에 대답하기 위해서였다. 만약 이 개념들이 모두 현존재의 존재를 구성하고 있는 계기라면, 진리의 기준은 어디에서 찾을 수 있을까? 현존재 분석론의 관점에서 볼 때 도대체 진리는 무엇을 의미하는 것일까? 전통적인 진리 개념과 비교해서 하이데거의 진리 개념은 어떤 새로운 점이 있는가? 서양철학의 진리 개념의 역사에서 하이데거의 진리 개념은 어떤 위상을 차지하는가?[34)]

'진리'는 전통철학의 태동기부터 '존재'와 밀접한 관계를 맺어왔다. 일찍이 파르메니데스는 존재를 사유와 동일시했다. 아리스토텔레스는 철학을 한편으로 "진리에 대한 학문"으로, 다른 한편으로 "존재자의 존재에 대한 학문"으로 규정했다.(213) 파르메니데스와 아리스토텔레스에게 진리는 단순히 인식론적 탐구대상이 아니다. 왜냐하면 그들에게 진리는 사태 자체, 즉 존재와 관계하는 것으로 이해되었기 때문이다. 참된 것, 즉 진리는 판단이나 진술이 아니라 판단된 사태 자체인 것이다. 그러나 도대체 어떻게 참됨과 참된 존재자가 같을 수 있는가?

하이데거에 의하면 진리와 존재의 이러한 동일성을 경솔하게 고대 철학의 소박함으로 치부해버리지 않는 것이 무엇보다 중요하다. 이 물음에 대답하기 위해서는 우선 진리 대응설을 그것의 존재론적 토대의 관점에서 탐구할 필요가 있다. 그런 다음 좁은 의미에서의 진리(진술의 진리)가 근원적인 진리의 파생태라는 점을 보여줘야 한다. 끝으로 진리가 현존재의 존재방식으로 규정될 때, 기초존

---

34) 하이데거의 진리 개념과 관련해서는 졸고 참조. 이유택, 「하이데거와 진리 개념의 확대 문제: 투겐트하트와 게트만의 논쟁을 중심으로」, 『현대유럽철학연구』, 46집, 2017, 95-123쪽.

재론적 진리 개념의 수립이 가능해진다.

'전통적인 진리 개념'이라는 표현 아래에서 하이데거가 염두에 두고 있는 것은 진리 대응설이다. 대응설의 특징은 진리의 장소를 판단 혹은 진술에서 찾는다는 것이다. 진리는 본질적으로 "판단과 대상의 일치"(토마스 아퀴나스)이다. 아리스토텔레스가 표상작용을 사물(사태)에 대한 동화로 간주했다는 이유로 대응설의 선구자라고 알려져 왔지만, 하이데거는 이 사실에 의구심을 표명한다. 왜냐하면 아리스토텔레스가 이런 말을 남긴 것은 사실이지만, 이로부터 그가 진리의 장소를 판단(진술)에서 찾았다는 결론이 나오는 것은 아니기 때문이다.

진리 대응설은 몇 가지 치명적인 난점을 가지고 있다. 이 난점들은 바로 대응(일치, Korrespondenz)이라는 개념 자체 안에 놓여 있다. 판단과 대상이 서로 일치한다는 것은 무엇을 말하는가? 특히 여기서 '일치'란 도대체 무엇을 의미하는가?

어떤 것과 어떤 것의 일치는 언제나 하나의 관계이다. 그러나 모든 관계가 언제나 일치는 아니다. 예컨대 어떤 기호는 그것이 가리키는 대상(지시체)과 관계한다. 하지만 이 기호가 어떤 대상을 지시하기 위하여 반드시 그 대상(지시체)과 동일하거나 유사할 필요는 없다. 오히려 일치는 관계항들 간의 비교가능성을 전제하는 개념이다. 판단과 대상의 일치는 판단이라는 심리작용과 판단대상 즉 진술내용의 구분을 전제한다. 심리작용이 아니라 오직 판단대상과 그에 대한 진술 내용만이 참이거나 거짓일 수 있다. 만약 진리가 일치라면, 이 일치는 결국 관념적 판단내용과 실재적 사물(사태) 사이에서 일어난다. 그러나 양자 사이에서 일어나는 이 일치 자체의 존재론적 위상과 성격을 우리는 어떻게 이해해야 하는가? 일치는 관념적인가 아니면 실재적인가? 도대체 이 일치는 어디에서 어떻게 일어나는가?

판단대상과 진술내용의 일치가 어디에서 어떻게 일어나느냐는 물음에 대답하기 위해서는 관념성과 실재성 간의 관계를 살펴봐야 한다. 인식이 참되기 위해서는 관념적인 영역과 실재적인 영역을 모두 포괄할 수 있어야 하지만, 문제는 이러한 일이 어떻게 가능한 지가 밝혀져야 하기 때문이다. 하이데거는 우선 인식 현상이 언제 진리로 인정받게 되는지의 문제부터 다룬다. "인식작용 자체에서 언제 진리가 현상적으로 분명한가? 인식작용이 '참된' 것으로서 증명될 때이다."(217) 인식작용이 진리로서 인정받기 위해서는 일치 관계가 어떤 식으로든 판단의 진리를 증명할 수 있어야만 한다. 어떤 진술에서 진술되는 것은 존재자 자체이다. 진술이 그 존재자를 있는 그대로 발견할 때 진리 혹은 인식이 발생한다.

하나의 진술이 참되기 위해서는 발견된 존재자가 진술 안에서 있는 그대로 드러날 수 있어야 한다. 진술의 진리는 그 존재자를 통해서 검증된다. “검증은 [진술 안에서] 존재자가 자기동일성에 있어서 자기 자신을 드러냄을 의미한다.”(218) 즉 이때 검증은 일종의 신원확인을 의미한다. 진술은 존재자를 특정 방식으로 보여주고, 발견하고, 제시한다. 관념적 내용과 실재적 사태 사이의 일치가 성립할 수 있기 위한 토대는 다름 아닌 현존재 자신이다. 왜냐하면 인식은 현존재의 “발견하며 존재함”(219)에 근거하여 가능하기 때문이다. 즉 진리는 밖에 존재하는 존재자와의 일치가 아니라, 세계 내부적 존재자의 ‘발견’ 혹은 ‘드러냄’이다.

이처럼 진리를 드러내어 보여줌으로 이해하는 것은 하이데거가 최초는 아니다. 사실 이러한 진리관의 역사는 서양철학에서 유구한 전통을 자랑한다. 아리스토텔레스에게 알레테이아(aletheia)는 사태 자체와 밀접한 관계를 맺는 개념이다. 알레테이아, 즉 진리는 어떤 것이 있는 그대로의 모습을 스스로 드러내는 것이다. 진리는 “자기를 현시하는 것, 즉 자기가 어떻게 발견되어 있는가를 [있는 그대로] 보여주는 존재자”(219) 이외의 다른 것이 아니다. 어떤 것의 모습을 있는 그대로 보고 발견한다는 것은 결코 쉬운 일이 아니다. 모든 발견은 이미 어떤 숨김 혹은 은폐를 전제한다. 드러남으로서의 진리는 동시에 존재자의 은폐와 불가분의 관계를 맺고 있다. 진리는 은폐되지 않음, 즉 비-은폐성(A-letheia)이다.

은폐되지 않음(비은폐성)으로서의 진리는 드러내는 자, 즉 발견자를 필요로 한다. 발견자는 바로 세계-내-존재로서 현존재 자신이다. 발견은 현존재가 세계 내에 존재하는 한 방식이다. 세계 내부적 존재자의 모든 발견은 세계의 개시성에 근거를 두고 있다.[35] 세계의 개시성은 세계 내부적 존재자의 발견, 즉 진리의 존재론적 가능 조건으로서 현존재와 따로 떨어져 존재하지 않는다. 그렇기 때문에 하이데거는 이렇게 말할 수 있었다. "현존재는 '진리 안에' 있다."(221)

그렇다면 은폐는 어디에서 비롯되는가? 비은폐성으로서의 진리가 현존재와 관계한다면, 은폐성 역시 현존재와 관계하지 않을까? 그렇다. 은폐성은 현존재의 퇴락에서 비롯된다. 현존재가 '진리 안에' 존재할 수 있는 것은 그가 언제나 이미 세계 안에 퇴락해 있기 때문이다. 은폐성(비진

---

35) 이 개시성은 - 앞에서 말했듯이 - 처해있음, 이해, 말이라는 세 가지 계기로 구성되어 있다. 이 세 가지 구조계기 속에서 세계는 언제나 이미 현존재에게 개시되어 있으며, 이 세 가지 계기를 하나로 묶어서, 즉 그 통일성에 있어서 개념화 한 것이 바로 염려(Sorge)이다.

리) 안에 있지 않다면 현존재는 비은폐성(진리) 안에 있을 수도 없다. 말하자면 진리(비은폐성)는 "은폐성의 제거"(222)를 통해서 비로소 가능한 것이다.

요컨대 하이데거에게 진리는 단순히 진술 안에 있지 않다. 진술의 진리는 보다 근원적인 진리의 파생태일 뿐이다. 근원적인 진리는 바로 현존재의 개시성이다. 이것은 하이데거의 진리 개념에서 가장 중요한 핵심이다. 아울러 우리가 기억해야 할 또 다른 핵심은 현존재가 진리 안에 존재할 뿐만 아니라 동시에 비진리 안에도 존재한다는 사실이다.

어떤 것을 어떤 것으로서 보여주고 제시하는 진술의 진리는 보다 근원적인 진리, 즉 개시성을 통한 현존재의 '해석'에 의존한다. 제시적 '로서'(apophantisches Als)는 해석학적 '로서'(hermeneutisches Als)의 근거 위에서만 가능하다. 모든 진술은 앞선 이해를 요구한다. 그러므로 어떤 대상(존재자)과의 일치로서의 진술의 진리는 이해의 근원적인 진리의 파생물이다.

비은폐성(알레테이아)으로서의 진리는 진술의 진리를 가능케 하는 조건으로서, 현존재의 개시성에서 비롯된다. 현존재의 개시성이 없다면, 비은폐성으로서의 진리는 불가능하다. "진리가 '존재'하는 것은 오직 현존재가 존재하는 한에서이다."(226)[36] 존재와 진리는 동근원적이다. 즉 존재 없는 진리는 불가능하고, 진리 없는 존재 역시 불가능하다. 이제 중요한 것은 이 '존재'의 의미를 염려의 관점에서 설명하는 것이다. 이제까지 염려는 단지 매우 형식적으로 - 실존론성(이해), 현사실성(처해있음), 퇴락성(말)을 중심으로 - 그 윤곽을 드러냈을 뿐이다. 『존재와 시간』 2부의 과제는 바로 1부에서 현존재의 존재로서 제시된 이 염려의 의미와 근거를 구체적으로 해명하는 것이다. 도대체 무엇이 현존재의 존재로서의 이 염려를 가능하게 하는가? 그것은 바로 시간성이다.

36) 뉴턴의 물리법칙이나 논리학에서의 각종 규칙이 현존재에게 '의존'한다는 것은 물리법칙과 논리법칙이 가지고 있는 이른바 '객관성'을 훼손하는 것이 아니다. 하이데거가 말하고자 하는 것은 단지 이 법칙들을 통해 "현존재에게 존재자가 그 자체에 있어서 접근 가능하게 되었다"(227)는 것일 뿐이다.

Chapter 7
죽음

07.
죽음

7.1. 현존재의 전체성

『존재와 시간』 1부가 현존재에 대한 분석이라면, 2부는 그에 대한 근원적인 해석 혹은 종합이다. 여기서 '해석'은 무엇을 의미하는가? 이 해석은 왜 '근원적'인가? 『존재와 시간』 후반부가 현존재에 대한 분석이 아니라, 종합인 것은 바로 1부에서 현존재의 존재로 규정된 염려의 형식적인 의미가 이제 보다 구체적으로, 즉 그 내용에 있어서 보다 심층적으로 해석되어야 함을 의미한다. 현존재의 존재로서 규정된 형식적 개념인 염려는 도대체 구체적으로 무엇을 의미하는가? 이 물음이야말로 『존재와 시간』 2부전체의 논의 방향을 제시하는 핵심 물음이다.

결론부터 말해 두자면 현존재의 존재 즉 염려의 존재론적 의미는 결국 시간성으로 밝혀진다. 물론 이러한 형식적인 대답보다 더 중요한 것은 이 대답에 담긴 의미를 내용적으로 이해하는 것이다. 즉 하이데거가 왜 염려의 의미를 시간성으로 규정하는지, 시간성이라는 말로 무엇을 염두에 두고 있는 지를 이해하는 것이다.

『존재와 시간』 1부에서 현존재의 존재로서 규정된 염려는 단지 실존론성, 현사실성, 퇴락성을 하나의 개념 아래 묶어두기 위한 형식적 기호의 성격이 강했다. 현존재의 근본구조로서 염려에 대한 근원적 해석에서 무엇보다 중요한 것은 그 안에 들어있는 다양한 계기의 의미와 각 계기 간의 관계를 구체적으로 드러내는 것이다. 그럴 수 있으려면 현존재의 존재로서의 염려가 구체적인 현상들을 통해 자신의 모습을 분명하게 드러낼 수 있어야 한다. 하이데거는 그러한 현상들을 - 그 안에서 현존재의 존재로서의 염려의 모습이 구체화되는 현상들 - 죽음, 양심, 책임, 결의성에서 찾는다. 즉 이러한 현상들에 대한 구체적인 해명을 통해서 현존재의 존재로서의 염려의 실존론적 의미가 무엇인지가 분명하게 드러나게 된다.

『존재와 시간』의 1부와 비교할 때 2부에서 행해지는 이러한 구체적 해명(해석)은 또한 '종합적'이다. 1부가 주로 현존재의 일상성을 분석 대상으로 삼았다면, 2부의 해석은 현존재의 전체성에 초점을 맞춘다. 현존재는 우선 대개 일상적인 방식으로 실존하지만, 일상성이 그의 모든 것이라고 말할 수는 없다. 일상적 현존재는 언제나 이미 본래적 실존의 가능성을 대면하고 있기 때문이다. 그렇다면 현존재는 언제 혹은 어떻게 이러한 본래적 실존의 가능성을 선택하게 되는가? 그것은 바로 죽음을 통해서이다.

현존재는 세계 내에서 실존하는 한, 자신의 모든 실존 가능성의 종말, 즉 죽음을 향해 있다. 물론 여기서 하이데거가 말하는 죽음은 일상적인 의미에서의 죽음과 동일하지 않다. 실존론적 죽음 개념의 의미를 이해하기 위해서는 죽음에 대해 자유로운 태도를 취하는 존재로서의 현존재의 독특한 존재가능성에 대한 하이데거의 해명을 추적해야 한다. 죽음은 현존재의 실존 가능성의 종말로서 그의 유한성의 징표인 동시에 전체성의 가능 조건이기도 하다. 즉 죽음을 통한 현존재의 종결은 동시에 존재의 전체적 완성이기도 하다. 죽음에서 확인되는 이러한 유한성과 전체성을 통해서 현존재는 자신의 퇴락성을 극복할 수 있다는 게 하이데거의 기본 신념이다.[37]

---

37) 이러한 본래성 회복의 가능성을 하이데거는 특히 양심 개념의 해명을 통해서 보여 준다. 현존재의 본래적 실존은 양심의 의지, 즉 양

현존재는 자신의 가능성을 향해 기투하며 존재한다. 하이데거는 이를 두고 자신을 앞질러(sich-vorweg) 존재한다고 말한다. 현존재가 이처럼 자신을 앞지르며 존재한다는 것은 자신 안에 머무르지 않음, 즉 언제나 이미 미래의 가능성을 향해 열려있음(개방성)을 의미한다. 죽음은 바로 이러한 앞지름이 중단되는 사건이다. 죽음이라고 하는 최후의 가능성을 통해 현존재의 존재는 종결 혹은 완결된다.

물론 현존재는 자신의 죽음을 결코 직접 경험할 수 없다. "현존재를 전체적인 존재자로서 존재적으로 경험하는

심의 소리를 듣고자 하는 결의를 통해 가능해진다.(2부 2장) 양심 현상에 대한 논의가 끝난 후 현존재의 실존론성의 근거가 드디어 시간성으로 밝혀지게 된다. 그리고 시간성의 근거 위에서 현존재의 존재로서의 염려의 구조에 대한 심층적 해명이 시도된다.(2부 3장) 그 다음에는 현존재의 일상성을 실마리로 삼아 행해졌던 1부의 현존재 분석이 시간성의 관점에서 다시 해석되기에 이른다.(2부 4장) 현존재의 본래적 시간성이 역사성으로 규정된 다음(2부 5장), 시간성이 현존재의 근원적인 존재 의미를 형성하고, 현존재에게 언제나 이미 자신의 존재가 문제되는 한, 현존재에게는 언제나 시간성이 문제될 수밖에 없음이 강조된다. 이러한 시간성은 현존재가 시간을 측량할 수 있도록 해주는 존재론적 가능 근거이다. 시간성이 어떻게 이러한 근거일 수 있으며, 전통적인 시간 이해와 어떻게 다른가 하는 문제가 내부시간성(Innerzeitigkeit) 개념을 중심으로 해명된다.(2부 6장)

것"(236)은 불가능하다. 내가 실제로 죽는 순간 삶은 종결되고, 이 종결과 함께 나의 삶은 '전체'로서 완성된다. 그러나 죽음을 통한 이 완성의 순간 나는 더 이상 존재하지 않기에, 나는 결코 나 자신의 전체성을 경험할 수 없다. 나는 결코 '죽어있을' 수 없다. 죽음이 우리를 찾아왔을 때 나는 더 이상 존재하지 않고, 내가 존재하고 있는 한 죽음은 아직 존재하지 않는다.[38)]

에피쿠로스의 이 주장은 전적으로 옳다. 그러나 과연 우리가 우리 자신의 죽음을 직접 경험할 수 없다는 사실로부터 우리가 죽음과 무관하다는 사실이 도출되는 것일까? 반드시 우리 자신이 죽어야만 죽음을 알 수 있는 것일까? 결코 그렇지 않다. 우리는 우리가 죽지 않고도 죽음에 대해서 알고 있다. 타자의 죽음을 통해서이다. 타자의 죽음에 대한 간접경험을 자신에게 전이시킴으로써 우리는 죽음을 이해한다. 그러나 과연 우리는 타자의 죽음을 통해서만 죽음을 아는 것일까?

---

38) 에피쿠로스, 『쾌락의 철학』, 조정옥 엮음, 동천사, 1997. 95쪽. 죽음에 대한 공포가 남아 있는 한 인간은 결코 행복할 수 없다. 행복하고자 한다면 죽음은 두려워할 어떤 것이 아니라는 사실을 반드시 깨달아야 한다. 에피쿠로스에게 있어서 죽음과 행복, 그리고 쾌락의 관계에 대해서는 졸저 (이유택, 『행복의 철학』, 계명대학교출판부, 2019, 76쪽 이하) 참조.

7.2. 종말을 향한 존재

"현존재[거기 있음]의 상실"(Verlust des Seins des Da, 237), 즉 죽음에 대한 직접적인 경험은 현존재가 존재하는 한 불가능하다. 존재하고 있는 상태에서, 존재에서 비존재로의 이행이라는 '사건'(죽음)을 이해하기란 결코 쉽지 않다. 존재하지 않는 상태 - 그것이 비존재라 불리든 무(無)라고 불리든 - 를 표상하는 일도 거의 불가능해 보인다. 왜냐하면 비존재에 대한 경험의 가능성이 - 우리가 존재하고 있는 한 - 전적으로 막혀 있기 때문이다.

그러므로 죽음의 이해 가능성은 오직 타자의 죽음을 통해서만 우리에게 주어지는 것처럼 보인다. 타자의 죽음은 존재의 종결로서 죽지 않고 남아있는 자들에게 객관적 관찰 대상으로 다가온다. 현존재의 종결과 함께 생명 없는 사물 존재가 - 즉 사체로서의 존재가 - 시작한다.[39] 그러나 죽은 자는 더 이상 살아있지 않을 뿐, 생명과 무관한 것은 아니다. 오직 살아 있는 존재만이 죽을 수 있으며, 죽은

---

39) 물론 인간이 죽자마자 사물과 다를 바 없다거나, 인간의 사체가 여타 사물과 동일한 취급을 받아도 좋다는 말은 아니다. 단지 죽음을 통해서 현존재가 사물성을 띤 존재로 변화할 수밖에 없음을 의미한다.

자로서 여전히 생명과 관계하고 있다.[40] 심지어 죽은 자와 산 자는 "애도와 추모 속에서"(238) 여전히 '함께' 있다.

그러나 산 자와 죽은 자의 이러한 함께-있음은 "현존재의 종결성에 대한 존재론적 분석"(239)에 어떤 도움도 주지 못한다. 엄밀히 말해서 죽음은 죽은 자의 것일 뿐, 결코 산 자의 것은 아니기 때문이다. "어느 누구도 타자의 죽음을 그에게서 떼어놓을 수 없다."(240) 죽음에 대한 산 자의 간접적인 경험과 객관적 관찰, 죽은 자에 대한 기억 속에서의 함께-있음이 가능할지라도, 타자의 죽음은 영원히 세계를 떠난 자의 것일 뿐, 세계 안에 남아 있는 우리의 것은 아니다. 죽음은 산 자에게 너무도 낯선 것이다. 죽음이 이처럼 낯선 것이라면, 그것에 대한 기초존재론적 분석은 어떻게 가능한가? 죽음이 현존재에게 그토록 멀리 있는 것이라면 그것과의 어떤 관계맺음도 불가능하지 않은가?

죽음이 이토록 낯선 것임에도 불구하고 현존재의 전체성 획득을 가능하게 하는 것은, 죽음이 생명을 잃고 사물화 되는 사건 이상의 '존재론적' 의미를 가지기 때문이다. 인간에게 죽음은 타 동식물의 죽음과의 상대적 비교를

---

40) 이와는 달리 생명 없는 사물에게는 죽음의 가능성 자체가 막혀 있다. 죽음은 오직 삶의 가능성을 가진 존재에게만 허용되기 때문이다.

통해서는 결코 이해될 수 없는 독특한 의미를 가지고 있다. 따라서 죽음은 현존재의 고유한, 어느 누구도 대신할 수 없는 자신만의 현상으로서, 즉 "각각의 고유한 현존재의 실존론적 현상으로서 파악되어야만 한다."(240)

죽음은 현존재의 종말이다. 현존재의 종말로서의 죽음은 세 가지 특징을 가진다. 첫째, 죽음은 현존재에게 언제나 미제(未濟)를 의미한다. 즉, 살아 있는 한 죽음은 언제나 유예상태로 남아 있다. 둘째, 죽음은 현존재가 더 이상 '거기'(Da) 존재하지 않음을 의미한다. 셋째, 죽음은 어느 누구도 대리할 수 없다.

이러한 특징을 가진 현존재의 죽음이 그의 전체성과 관련하여 논의되어야 한다. 현존재가 하나의 전체로서 존재한다는 것은 무엇을 의미하는가? 현존재의 전체성과 죽음은 어떤 관계를 맺고 있는가?

현존재는 존재가능이다. 그러므로 현존재가 실존하는 한 그에게는 아직 결정되지 않은 가능성들이 늘 열려있다. 이처럼 미정 혹은 미결 상태의 가능성들은 죽음과 함께 남김없이 소멸된다. 이때 죽음은 갚아야 할 빚을 다 갚는 일종의 부채청산과 같은 것으로 이해된다. 또한 현존재의 죽음은 익은 열매가 나무에서 떨어지는 것으로 이해될 수도 있다. 죽음을 통해 남아있는 가능성들이 소멸되는 것과 숙성한 열매가 나무에서 떨어지는 것이 비슷해 보이기 때문이다. 그 밖에도 비(雨)의 그침, 길의 끊김 등도 일종의 종말로서 현존재의 죽음과 비슷해 보이기도 하다. 그러나 부채청산, 열매숙성, 비그침, 길끊김 등은 그 어느 것도 현존재의 종말로서의 죽음의 본질을 충분히 설명해주지 못한다.

현존재가 "종말을 향한 존재"(Sein zum Ende, 245)라는 것은 현존재가 저 멀리 떨어져 있는 종말(죽음)을 향해 나아감, 혹은 죽음이 현존재에게 시시각각 다가오는 어떤 사건임을 뜻하지 않는다. 즉 현존재가 죽음을 향한다는 것은 아직 갚지 못한 빚을 갚아가는 것도 아니고, 열매가 익어가는 것도 아니고, 내리던 비가 점차 그치는 것도 아니다. 오히려 그것은 그의 종말이 언제나 이미 현존재의 존재 안에 들어와 있음, 즉 현존재의 실존과 죽음이 불가분의 관계 속에서 늘 함께하고 있음을 말한다. 이처럼 현존재의 죽음이 각자 '나의 죽음'으로서 자신에게 속해 있는 것이라면, 그 죽음은 현존재가 실존하는 한 언제나 자신의 종말로서 접근 가능하다.

물론 나는, 내가 살아 있는 한, 나의 죽음을 직접 경험하지 못한다. 그러나 죽음은, 내가 나의 죽음과 관계를 맺는 한, 언제나 이미 나의 존재 안에 들어와 있는 것으로서 경험 가능하다. 현존재가 죽음을 향한 존재라는 것은 이처럼 죽음과 늘 함께 하는 존재, 그 죽음과 늘 관계하는 존재라는 것을 뜻한다. 실존한다는 것은 자신의 존재 안에 깊숙이 들어와 있는 죽음을 잊지 않고, 그것과 관계한다는 것 이외의 다른 것을 의미하지 않는다.

"가장 넓은 의미에서 죽음은 삶의 한 현상이다."(246) 그렇기 때문에 죽음은 자연스럽게 생물학적 관점에서 고찰되곤 한다. 그러나 이것은 죽음에 대한 존재적 탐구일 뿐이며, 존재론적 죽음 개념의 이해와 동일시되어서는 안 된다. 현존재의 죽음은 동식물의 죽음과는 본질적으로 다르다. '죽어감'(Sterben)으로서의 현존재의 죽음은 생명의 단순한 끊김(Ableben)이 아니다. 물론 생명 끊김으로서의 죽음에 대한 생물학적 탐구는 중요하고 필요하다. 그러나 이러한 생물학적 탐구는 죽음의 존재론적 의미 해명에 별 도움을 주지 못할 뿐만 아니라, 오히려 큰 걸림돌로 작용한다.

존재론적으로 죽음을 탐구한다는 것은 죽음 이후에도 삶이 계속되는지, 도대체 죽음 이후에 어떤 일이 일어나는지, 무엇이 남는지 등에 대한 관심과는 무관하다. 존재론적 죽음 탐구에서 중요한 것은 "현존재 각자의 존재 가능성으로서의 죽음이 어떻게 현존재 안으로 들어오는지"(248)이다. 따라서 이러한 의미의 죽음 분석은 철저하게 이 세계 내에서 일어나는 현상에 국한되어 이루어져야 한다.

7.3. 죽음과 염려

현존재의 종말로서의 죽음은 단순한 중단도 아니고, 완성도 아니다. 실존론적 의미에서 죽음은 '죽어감'(Sterben)을 의미한다. 오직 '죽어감'으로서의 죽음만이 인간의 고유한 죽음의 의미, 죽음을 향한 현존재의 지향성을 제대로 이해할 수 있도록 해준다. 현존재의 종말로서 죽음은 "그것에 대해 현존재가 '관계를 맺는' 바 어떤 것의 성격을 가지고 있다."(250) 오직 이런 관계맺음에서만, 즉 종말을-향한-존재(Sein-zum-Ende)에서만 그 진정한 의미를 드러낸다.

종말로서 죽음은 내가 아직 갚지 못한 부채처럼 저 멀리 떨어져 있는 것이 아니라, 언제나 이미 나에게 임박해 있다. 이러한 임박(Bevorstand)으로서 죽음은 아직 실현되지 않았지만, 내가 나의 가능성으로서 인수하고 떠맡아야 할 가능성이다. 그러나 죽음의 가능성과 함께 나에게 임박해 있는 것은 구체적으로 무엇인가? 임박한 태풍이나 전쟁과는 달리 죽음의 임박과 함께 구체적으로 일어나는 특별한 사건 같은 것은 없다. 그런데 바로 이점이 결정적으로 중요하다. 죽음의 임박과 함께 나에게 다가오는 것은 다름 아닌 나 자신인 것이다. "죽음과 함께 현존재 자신이 자신의 '가장 고유한' 존재가능에 있어서 임박해온다."(250)

죽음의 가능성에서 임박한 것은 다름 아닌 현존재 자신이다. 왜냐하면 언제나 임박해 있는 현존재의 죽음은 대리불가능하며 각각의 현존재 자신에 의해서만 인수 가능하기 때문이다. 죽음을-향한-존재에서 문제되는 것은 현존재 자신, 자신의 전체성, 즉 "그의 세계-내-존재 자체"(250)이다. "죽음은 더 이상-현존재로서-존재할 수 없음의 가능성"(250), 즉 "현존재의 불가능성의 가능성"(250)이기 때문이다. 바로 이 지점에서 죽음은 현존재의 본질, 즉 염려의 세 가지 계기와 연결될 수 있게 된다.

첫째, 실존론성: 죽음에서 임박해 오는 것은 다름 아닌 현존재 자신이다. 죽음은 가장 탁월한 가능성이다. 죽음은 현존재의 가장 고유하고도 추월 불가능한 가능성이기 때문이다. 현존재가 실존하는 한 죽음은 언제나 이미 이러한 가능성으로서 현존재 자신에게 임박해 있다. 현존재의 자기-앞지름은 궁극적으로 이러한 가능성으로서의 죽음과 관계 맺는 것이다. 죽음의 가능성과의 관계 맺음을 통해서 본래적 전체성으로의 진입이 가능해진다. 죽음과의 관계 맺음이 없다면 현존재의 본래적 실존 자체가 불가능한 것이다.

둘째, 현사실성: 현존재의 가장 극단적 가능성인 죽음은, 현존재가 실존하는 한, 언제나 이미 그것에로 던져져 있다. 이것이 바로 죽음의 현사실성이다. 현존재에게 죽음의 현사실성이 확연하게 드러나는 것은 불안 속에서이다. 왜냐하면 불안은 현존재에게 자신의 존재가능이 문제되는 바로 그것이기 때문이다. 즉 불안은 궁극적으로 죽음을 향한 존재로서 현존재 자신의 존재가능에 대한 불안인 것이다. 현존재가 종말로서의 죽음을 향해 실존하고 있다는 사실이 불안 속에서 적나라하게 드러나게 된다. 죽음 앞에서의 불안은 죽음에 대한 공포와는 전혀 다른 것이다. 죽음에 대한 공포는 에피쿠로스의 명언을 통해 극복될 수 있지만, 죽음 앞에서의 불안은 결코 극복될 수 없다.[41)]

셋째, 퇴락성: 퇴락성은 죽음과 맺는 관계의 은폐 이외의 다른 것이 아니다. 그것은 특히 죽음 앞에서 이루어지는 지속적인 도피의 형태로 나타난다. 종말을 향한 존재로서 현존재는 종말(죽음)에 대한 자신의 관계를 가능한 한 거부한다. 끊임없이 그것으로부터의 도피를 꾀한다.

---

41) "죽음은 아무것도 아니다. 왜냐하면 죽음이 찾아오면 감각도 사라지기 때문이다. 그리고 감각이 사라지면 죽음에 대해 걱정할 필요도 없다."(에피쿠로스, 『쾌락의 철학』, 조정옥 엮음, 동천사, 1997. 19쪽) "그러므로 모든 불행 중에 가장 끔찍한 불행인 죽음은 우리에게 아무것도 아니다. 우리가 존재하는 한 죽음은 존재하지 않으며, 죽음이 존재하면 우리는 더 이상 존재하지 않는다. 따라서 죽음은 산 자에게도 죽은 자에게도 아무 연관이 없다. 산 자에게는 죽음이 없으며, 죽은 자는 더 이상 존재하지 않기 때문이다."(같은 책, 95쪽)

종말을 향한 존재로서 죽어감은 결국 염려의 세 가지 계기에 의해서 특징지어지며, 염려의 한 양태로서 파악 가능하다. 이렇게 종말을-향한-존재가 현존재의 실존론적 구조계기라면, 현존재의 일상성에서도 그 모습이 드러날 수 있어야 할 것이다. 일상성 안에서 죽음은 어떤 모습을 하고 나타나는가?

7.4. 죽음의 확실성

세인의 영역 안에는 죽음의 사건에 대한 '피상적인' 말들이 난무할 뿐이다. 사람들은 끊임없이 누군가의 죽음에 대해 말하지만, 그 죽음은 사실 어느 누구의 죽음도 아니다. "세인은 죽음을 향해 있는 가장 고유한 존재를 자신에게 은폐하려는 '유혹'을 부추기고 정당화한다."(253) 일상적 현존재도 이렇게 언제나 죽음과 관계를 맺고 살아간다. 하지만 이 관계 맺음은 죽음 앞에서 도피하는 방식으로 이루어진다. 모든 새로운 유행 안에는 근본적으로 죽음에서 벗어나려는 시도들이 담겨 있다. 이러한 일상성의 영역에서는 "죽음 앞에서 느끼는 불안을 향한 용기"(254)를 찾아보기 힘들다. 왜냐하면 일상성 안에서 죽음을 향한 존재는 언제나 도피와 위안의 성격을 지니기 때문이다. 그러나 이처럼 일상적 현존재가 죽음으로부터 달아날 수 있다는 사실은 이미 죽음과 모종의 관계를 맺고 있음을 보여준다.

일상적 현존재가 죽음과 관계 맺는 방식에 대한 고찰은 죽음의 실존론적 의미 해명에 큰 도움을 준다. 일상성 속에서 죽음의 확실성은 '모든 사람은 언젠가 반드시 죽는다'는 식으로 애매하게 표현된다. 누구나 다 죽으므로 죽음은 확실하다는 것이다. 그러나 이런 식으로 이해된 죽음의 확실성은 불특정 다수를 겨냥하기 때문에 사실상 불확실하고 애매할 뿐이다. 그렇다면 죽음의 확실성은 실존론적으로 어떤 의미를 가지고 있는가? 죽음이 언젠가 닥쳐올 것이라는 사실을 우리가 언제나 확신하고 있음을 의미하는가? 죽음의 확실성에서 '확실성'은 도대체 무엇을 말함인가? 진술의 진리가 현존재의 선행적 개시성으로부터 파생되는 것처럼 '죽지 않는 사람은 없다'에 담긴 확실성도 현존재의 선행적 확신에서 파생되어 나온다. 일상성 속에서 우리는 죽음의 확실성을 확신하며 살아가고 있다. "죽음이 모든 순간 가능하다"(258)는 사실은 그 어떤 사실보다 더 확실하다. 언제라도 죽음은 우리를 덮칠 수 있다. 이처럼 죽음은 본질적으로 무규정적이다. 그러나 일상적 현존재는 어떻게든 죽음의 이러한 무규정성을 예상함으로써 오히려 그것을 은폐하고자 한다.

일상성 속에서 죽음의 확실성은 그것에 대한 확신의 형태로 존재한다. 죽음은 일종의 경험적 사실이며, 생물학적 죽음, 즉 생명 중단을 뜻한다. 그러나 이러한 생물학적 죽음의 확실성과 현존재에게 귀속되어 있는 보다 고유한 죽음의 확실성은 다르다. "현존재의 종말로서의 죽음은 현존재의 가장 고유하고 절연적이고 확실한, 그러면서 무규정적이고 추월 불가능한 가능성이다."(258)

죽음을-향한-존재(Sein-zum-Tode)는 염려 안에 그 근거를 가진다. 현존재는 언제나 죽어가고 있다. 현존재는 언제나 죽음 앞에서 도피 중이다. 이처럼 죽음 앞에서 도피하는 현존재는 비본래적이다. 현존재는 죽음을 향한 존재로서 자기 자신 앞에서 도피 중이기 때문이다. 그러나 비본래적 존재 가능성은 본래적 존재 가능성을 전제한다. 그러므로 종말을 향한 비본래적 존재의 근거가 본래적 존재 안에 놓여 있다는 사실이 증명되어야 한다.

7.5. 죽음을 향한 선구

인간이 죽음을-향한-존재라는 것은 그가 존재하는 한 언제나 죽음의 가능성을 향해 열려 있음을 의미한다. 죽음의 가능성을 향해 열려있다는 것은 도대체 무엇을 의미하는가? 일반적으로 어떤 '가능성을 향해 있다'고 할 때 가능성은 현실성과 관계한다. 가능성은 언젠가 실현 가능한 것이고, 누군가에 의해서 실제로 실현된다. 그래서 우리는 일반적으로 가능성을 그것의 실현을 위해 노력하는 어떤 것으로 이해한다. 설사 오늘 당장 실현할 수 없을지라도, 심지어 우리 자신이 실현할 수 있는 것이 아닐지라도, 우리는 늘 가능성의 실현에 대해 말하고, 그것이 실현될 날을 꿈꾼다.

그러나 하이데거가 죽음을 현존재의 가능성으로 이해할 때 그가 염두에 둔 것은 인간이 죽음을 스스로 선택할 수 있다는 것(자살)이 아니다. 또한 죽음에 대한 단순한 생각이나, 죽음의 가능성에 대한 기대를 의미하지도 않는다. 죽음이 현존재에게 가능성으로 존재하는 것은 현존재가 자신의 죽음을 향해 '선구적'일 때뿐이다. 죽음을 향해 선구(先驅), 즉 앞서 달려간다(vorlaufen)는 것은 그것을 '실현'한다는 것이 아니라, 그것을 현존재의 가장 극단적이면서도 가장 고유한 가능성으로서 받아들인다는 것을 의미한다. "선구는 가장 고유한, 가장 극단적인 존재가능의 이해 가능성으로서 밝혀진다. 즉 본래적인 실존 가능성으로서 밝혀진다."(263)

그렇다면 죽음을 향한 이 선구는 구체적으로 어떤 모습을 가지고 있는가? 현존재는 어떤 식으로 자신의 죽음을 향해 선구함으로써, 그것을 선취할 수 있는가? 이 물음에 대답하기 위해서는 죽음의 가능성의 다섯 가지 특징, 즉 고유성, 절연성, 추월불가능성, 확실성, 무규정성을 이해해야 한다.

첫째, 죽음은 현존재의 가장 고유한(eigenst) 가능성이다. 이처럼 가장 고유한 가능성을 향함으로써 현존재는 자신에게 가장 고유한 존재가능, 즉 본래적 실존의 가능성을 개시해줄 수 있다.

둘째, 죽음의 가장 고유한 가능성은 절연적(unbezüglich)이다. 즉 그 가능성은 현존재에 대해 외적인 어떤 것과의 관계를 통해서도 규정 가능하지 않다. 다시 말해 어느 누구도 죽음을 목전에 두고 무엇을 할 수 있느냐는 물음에 대해 대답해줄 수 없다. 이런 절연적 가능성을 향한 존재, 즉 각자에게 고유한 죽음의 선취는 현존재를 철저하게 한 개인으로 돌아가게 한다. 죽음은 현존재에게 단독자로 존재하기를 요구한다.

셋째, 죽음은 어떤 식으로도 넘어설 수 없는, 추월 불가능한(unüberholbar) 가능성, 즉 가장 극단적 가능성이다. 죽음의 이러한 가능성을 향해 있다는 것은, 현존재가 자신에게 우연히 쇄도하는 가능성들로부터 자유로워짐을 의미한다. 죽음의 가능성 앞에서 현존재는 "도달된 실존에 대한 모든 집착을 파괴"(264)하고, 유한한 가능성들

즉, 종말을 통해 규정된 가능성들을 선택한다. 그럼으로써 현존재는 자신에게 가능성으로서 주어져 있는 것을 실제로 행할 수 있는 자유를 획득하게 된다.

넷째, 죽음의 가능성은 확실(gewiß)하다. 현존재는 자신의 죽음에 대해 아는 바가 전혀 없음에도 불구하고 그 가능성을 가장 확실하고 절대적인 것으로 받아들인다. 이러한 가장 확실하고 절대적인 가능성으로서의 죽음을 통해 현존재는 자신의 전체성을 확인한다.

다섯째, 끝으로 죽음의 가능성은 무규정적(unbestimmt)이다. 죽음의 이러한 무규정성은 현존재에게 언제나 일종의 위협을 의미하며, 불안의 요인이다. 죽음의 가능성에 대한 불안 속에서 "현존재는 자신의 가능한 불가능성이라는 무(無) 앞에 직면한다. (...) 죽음을 향한 존재는 본질적으로 불안이다."(264)

죽음에 대한 비본래적, 일상적 이해는 "현존재의 확실성"(256)으로서의 죽음의 고유한 성격을 은폐하고 있다. 이러한 은폐는 현존재에게 죽음 앞에서의 거짓 위안과 안심을 불러일으킨다. 바로 이러한 거짓 위안과 안심이 죽음을 향한 선구를 통해 제거된다. 이제 죽음은 "가능성으로서 이해되고, 죽음을 가능성으로서 대하는 태도가 견지"(261)되고, 현존재의 실존에 거짓 안정성을 부여하는 "실존에 대한 집착"(264)이 파괴된다.

현존재는 죽음을 향한 선구를 통해서 자기 자신으로 존재할 수 있는 가능성, "죽음에 대한 자유"(Freiheit zum Tode, 264)에 도달한다. 죽음에 대한 불안 속에서도 그것에 얽매이지 않는다. 그러나 무엇이 현존재로 하여금 자신의 죽음 가능성을 향한 선구를 가능하게 하는가? 현존재의 본래적 실존 가능성은 어디까지나 가능성일 뿐이다. 가능성이 언제나 실제로 선택을 보증하는 것은 아니다. 그렇다면 도대체 무엇이, 그리고 왜, 현존재로 하여금 본래적 실존 가능성을 실제로 선택하도록 하는가? 죽음에 대한 분석은 이 물음에 대해 아무런 대답도 해주지 않는다. 현존재가 획득한 죽음에 대한 자유를 통해서 '실제로' 본래적 자기를 선택할 수 있기 위해서는 다른 무엇인가가 필요하다. 그것을 하이데거는 양심(Gewissen)에서 찾는다.

토트나우베르크 산장

『존재와 시간』의 집필 장소로 알려져 있다.

Chapter 8
양심

08.

양심

8.1. 양심의 부름

현존재는 그의 일상성에 있어서 세상 사람들(世人)에 빠져서 자기를 상실하고 살아간다.(퇴락성)[42] 현존재는 우

42) 하이데거의 생각에 따르면 현존재는 "자기 자신과의 독특한 동일성 속에 놓여 있다. 현존재는 자기를 가지고 있으며, 바로 그렇기 때문에 자기를 '상실'할 수도 있다."(전집 24, 242) 현존재가 진정한 자기와의 동일성, 즉 실존의 본래성 속에 있도록 하는 것은 바로 죽음을 향한 선구, 불안, 그리고 양심의 부름이다. 즉 이 세 가지 계기들이 현존재의 단독화를 가능하게 한다. 그리고 이러한 단독화는 궁극적으로 현존재를 자신의 결의성에로 안내한다.

선 대개 자기 자신이 아닌 모습으로, 즉 비본래적으로 실존한다. 이런 그가 본래적으로 실존하기 위해서는 그의 가장 극단적이고, 추월 불가능하고, 무규정적이고, 절연적이고, 확실한 가능성, 즉 죽음의 가능성을 향한 선구를 필요로 한다. 그러나 도대체 어떻게 현존재는 - 죽음의 가능성을 향한 선구를 통해 - 그의 비본래성(퇴락성)으로부터 본래성으로 이월할 수 있는가?

세상 사람들이 우리에게 제공해주는 가능성들은 우리가 스스로 선택한 게 아니다. 말하자면 현존재의 비자립성과 비본래성은 자신의 고유한 가능성들의 '선택'을 등한시한 결과이다. 우리가 우리 자신으로 존재할 수 있는 것은 선택을 포기하지 않을 때뿐이다. 즉 '선택의 선택'이 필요한 것이다. 그래야 비로소 본래적인 자기로 존재할 수 있는 가능성이 주어질 수 있다.

하이데거는 본래적인 자기로 존재할 수 있는 가능성이 양심 현상 안에서 증명된다고 본다. 물론 하이데거가 말하는 양심은 나의 내면에 죄책감을 불러일으키는 타자의 목소리로서의 양심이 아니다. 이러한 의미의 양심은 나 자신의 목소리가 아니라, 타자의(그게 신이든 도덕률이든) 목소리가 내면화된 것일 뿐이다.

하이데거는 어떤 특정 양심 이론을 전개하고자 하지 않는다. 하이데거가 원하는 것은 각자 자기 자신으로 존재하라는 어떤 요청이 현존재 안에 존재한다는 사실을 증명하는 것이다.[43] 우선 분명한 것은 양심이 개시성의 한 형식이라는 사실이다. 양심이 말의 한 양태인 한, 양심의 부름 안에서 현존재가 처해있는 상황에 대한 이해가 드러나게 된다. 양심은 우리를 본래적인 자기존재로 소환하는 부름(Ruf)의 성격을 가지고 있다. 이 부름이 말해주는 것은 애매하지 않고, 공허하지 않고, 호기심의 대상도 아니다.

양심이 해주는 말에 관심을 가지는 존재는 각자 자기 자신이다. 일상성에 함몰되어 나 자신을 상실한, 즉 퇴락한 나 자신만이 양심의 부름에 관심을 가진다. 양심의 부름, 그 '소리'를 들을 수 있기 위해서는 '의지'가 필요하다. 즉 양심을 가지고자 하는 의지가 없이 양심의 소리를 듣는 것은 불가능하다. 그런데 이 양심을 가지고자 하는 의지를 가능케 하는 것은 바로 현존재의 결의성이다. 즉 결의성이야말로 양심의 존재론적 근거인 것이다. 양심 현상의 가장 분명한 특징은 그것이 부름의 성격을 가진다는 사실이다. 이 부름은 비본래적 퇴락의 상황에서 빠져 나와 본래적 자기로 존재하라는 요구를 담고 있다. 그러므로 양

43) 이 증명은 물론 일체의 인간학적, 생물학적, 심리학적, 신학적 양심 해석의 도움을 배제하고, 오직 양심이라는 현상에 대한 현상학적 해명을 통해 이루어진다.

심 현상의 분석은 바로 이러한 특징에서 시작한다.

양심 안에서 우리를 부르는 것은 누구인가? 현존재 자신이다. 양심의 부름은 누구를 향하는가? 양심의 부름은 본래적인 자기를 향한다. 양심의 부름은 왜 일어나는가? 현존재가 퇴락 상태에 빠져 있기 때문이다. 현존재가 퇴락 상태에 빠져 있지 않다면 양심의 부름도 없을 것이다. 양심의 부름은 무엇을 말해주는가? "엄밀하게 말해서 아무것도 말해주지 않는다."(273) 양심의 부름 안에서 우리가 구체적으로 전달받는 내용은 없다. 양심은 우리에게 어떤 구체적인 정보나 지침도 제공해주지 않는다. 하지만 양심의 부름을 통해서 최소한 자기 자신과의 대화는 시작된다. 이 대화는 침묵 속에서 이루어진다. "양심은 오직, 그리고 언제나 침묵의 형태로 말한다."(273)

침묵은 아무런 소리도 내지 않지만, 그 안에서 '소리'를 듣는 사람에게는 아무것도 아닌 게 아니며, 무의미한 것도 아니다. 마치 음악연주를 듣던 중 갑자기 연주가 멈추고 정적이 흐를 때 우리가 더욱 집중하게 되듯이, 끊임없이 들려오던 세상의 소음, 세상 사람들이 떠들어 대는 공허한 말의 중단과 함께 시작된 침묵 속에서 우리는 조용히 우리 자신의 본래적 존재가능성에 주목하게 된다.

양심의 부름은 이렇게 우리가 평소 잊고 있던 세계의 낯섦과 섬뜩함을 경험하게 한다. 양심의 부름을 통해서 세상 사람들의 떠들어대는 소리(소문, 잡담 등)가 일거에 차단되어 버린다. 아울러 일상의 익숙함과 편안함도 중단된다. 양심에 의해 부름을 받는 순간 현존재는 자신이 세계와 맺고 있던 모든 관계가 단절됨을 느끼게 된다. 그리고 자신의 내면에서 울리는 양심의 소리에 조용히 귀 기울이게 된다. 이처럼 하이데거는 양심의 부름을 통해 현존재가 일상적 실존의 비본래성으로부터 벗어날 수 있는 기회를 얻게 된다고 본다. 양심의 부름을 통해서 일종의 '깨달음'을 얻게 된 현존재는 일상 세계의 무의미성과 허무, 섬뜩함 속에 서 있는 자신의 모습을 있는 그대로 대면하게 된다. "섬뜩함 안에서 현존재는 근원적으로 자기 자신과 [만나] 함께 서 있다. 섬뜩함은 이 존재자를 자신의 적나라한 허무 앞으로 데려간다. 이것은 그의 가장 고유한 존재가능의 가능성에 속한다."(287)

8.2. 양심과 불안

양심은 현존재가 자기를 부르는 현상이다. 즉 양심은 현존재가 비본래적 자기로부터 본래적 자기로의 이행을 촉구하는 내면의 음성이다. 부르는 자도 현존재고 불리는 자도 현존재다. 어떻게 이런 일이 가능한 것일까?

양심의 부름 여부를 결정하는 것은 현존재 자신이 아니다. "부름은 나에게서 오지만, 나를 넘어선다."(275) 양심을 신의 부름으로 이해하는 신학적 해석, 사회적 규범의 내면화로 이해하는 심리학적, 사회학적 해석은 양심의 현상을 제대로 설명하지 못한다. 양심은 어떤 특정 내용(지침이나 규범)을 말해주지 않는다. 양심은 그 '침묵의 소리'를 들을 때 스스로 나 자신과 관계하지 않을 수 없도록 만들 뿐이다. 따라서 양심의 현상은 그 배후에 어떤 실체가 - 예컨대 신이나 사회와 같은 - 전제되는 신학적, 심리학적, 사회학적 현상과는 다른 방식으로 이해되어야 한다.

현상과 실체의 분리는 전통 형이상학에서 비롯된다. 전통 형이상학에 의하면 오직 눈앞에 있는, 즉 전재적인 것만이 존재한다. 따라서 하이데거가 말하는 양심과 관련해서는 '부르는 자'에 대한 물음은 불필요하다. 양심의 부름과 관련하여 세계 내부적으로 발견 가능한 그 어떤 것도 존재하지 않는다. 현존재의 현사실성은 전재적 존재자의 사실성과는 근본적으로 다르다. 왜냐하면 현존재는 전재적이지 않고, 실존하기 때문이다. 그러므로 양심의 부름의 기원에 대한 가설이 있다면 그것은 바로 현존재를 부르는 자가 "근본적으로 섬뜩함에 처해있는 현존재"(276)[44] 자신이라는 것이다. 물론 부르는 자로서 현존재는 세계 내부적으로 발견되지 않는다. 그렇기에 사람들은 양심의 부름이 현존재 아닌 어떤 다른 존재의 부름이며, 그 존재는 이 세상 아닌 다른 세상에 속해있다고 믿기 쉬운 것이다.

양심을 통해 '부르는 자'가 그 규정 불가능성에도 불구하고 우리 자신을 한 치의 오차도 없이 적중시킬 수 있는 것은, '불리는 자'와 동일하기 때문이다. 부르는 자와 불리는 자가 이처럼 둘이 아니고 하나임에도 불구하고 우리에게 부르는 자의 목소리가 늘 '낯선' 것은 우리가 언제

44) 섬뜩함은 '낯설다' 또는 '친숙하지 않다'를 의미하는 독일어 unheimlich를 우리말로 옮긴 것이다. ungeheur라는 말과도 연관 지어 이해된다. 불안은 현존재에게 섬뜩함(Unheimlichkeit)으로 다가온다. 현존재가 불안 속에서 느끼는 이러한 섬뜩함은 "세계가 (...) 전적으로 무규정성의 성격을 가지고 있다"(186)는 사실에서 비롯된다. 모든 것들이 불안 속에서는 그 고유한 의미를 상실하고 사소한 것이 되어 버린다. 일상적 삶의 자명함과 친숙함이 일거에 사라져 버린다. 세계 어디에서도 현존재는 고향이 주는 편안함과 아늑함 대신, 이방인의 낯섦과 외로움을 느낀다. 이에 대해서는 이은주, 「하이데거에게서 불안과 죽음의 의미」, 『하이데거 연구』, 제15집, 2007, 157-186, 175쪽; 김동규, 「하이데거 철학의 멜랑콜리」, 『현대유럽철학연구』, 제19집, 2009, 83-122, 94쪽; 김동규, 「시가 아름다운 이유: 하이데거 詩論을 중심으로」, 『현대유럽철학연구』, 제31집, 2013, 103-132, 121쪽. 참조.

나 이미 세상에 빠져있기 때문이다. 부르는 자는 존재가능성 앞에서 불안을 느끼는 현존재 자신이다.(현사실성) 불리는 자 역시 자신의 가장 본래적인 존재가능성을 향해 불리는 현존재 이외의 다른 것이 아니다.(실존론성) 양심의 이러한 부름은 현존재가 그의 세계 안에서, 타자와 함께 행동하는 한 불가피하게 일어난다.(퇴락성) 양심의 현상 속에서 이렇게 염려의 세 가지 구조계기(현사실성, 실존론성, 퇴락성)가 분명하게 드러난다. "양심은 염려의 부름으로서 밝혀진다."(277)

본래적 존재가능에 대한 불안 앞에서 자신을 부르는 것은 다른 누구도 아닌 바로 현존재 자신이다. 양심의 현상이 발생하는 것은 현존재의 염려 구조가 존재하기 때문이다. 염려가 지시하는 것은 세계 내부적으로 발견 가능한 어떤 것이 아니라, 세계-내-존재 자체이다. 양심도 이와 마찬가지로 어떤 다른 것을 지시하지 않고, 현존재 자신에게서 나와서 자기 자신을 향하는 것이다.

양심은 현존재 자신의 고유한 존재가능을 입증해 주는 가장 강력한 증거이다. 그렇다면 현존재는 양심의 부름 속에서 구체적으로 어떤 '소리'를 듣는가? 그 소리는 현존재에게 무엇을 말해 주는가? 현존재는 도대체 양심 안에서 어떤 부름을 받고, 무엇을 이해하는가?

8.3. 양심과 책임

신학적, 심리학적, 사회학적, 혹은 철학적 양심을 두루 포함하여 모든 양심 개념은 어떤 책임(Schuld)[45]을 일깨워준다는 점에서 일치한다. 여기서 중요한 것은 양심의 부름이 현존재가 따라야 할 어떤 "이상적이고 보편적인 존재가능성도 제시해주지 않는다"(280)는 사실이다. 만약 양심이 어떤 도덕 원칙을 제시해준다면 이것은 반드시 보편적 성격을 가지고 있을 것이고, 그러한 보편적인 도덕 원칙을 따르는 순간 현존재는 어떤 사회적 통념을 인정할 수밖에 없다. 이와는 달리 양심은 현존재에게 어떤 도덕률도 제시해주지 않는다. 양심은 극히 개인적인 본연의 '자기'와 관계할 뿐이다. 그렇다고 해서 양심이 세상과의 단절, 내면으로의 침잠을 요구하는 것은 아니다. 오히려 양심은 세상 안에서, 타자와의 함께-있음 속에서 자신의 가

45) Schuld는 "탓"(조형국, 「삶과 현존재 그리고 본래성: 하이데거의 불안, 양심, 죽음에 대한 생각을 중심으로」, 『가톨릭신학과 사상』, 제62집, 2008, 115-142, 126쪽.), "책임"(박찬국, 「초기 하이데거의 불안 개념에 대한 비판적 고찰: 하이데거의 불안 분석은 얼마나 사태 자체를 드러내는가」, 『가톨릭신학과 사상』, 제62집, 2008, 143-177, 144쪽.), "책을 지고 있음"(소광희, 『하이데거 '존재와 시간' 강의』, 문예출판사, 2011, 178쪽.) 등 다양하게 번역된다.

장 고유한 가능성에 대해 열려있을 것을 요구한다. 그렇다면 양심이 우리에게 말해주는 책임이란 무엇을 의미하는가?

일반적으로 독일어 Schuld는 '빚'을 의미한다. 나는 누군가에게 빚을 질 수 있고, 그 빚을 나는 언젠가 갚아야 한다. 그는 나에게 빚을 독촉할 권리(청구권)를 가지고 있다. 빚짐과 빚 갚을 책임은 이처럼 동시 발생적이다. 누군가에게 무엇인가를 빌리거나, 잘못을 함으로써 나는 그에게 빚을 지게 되고, 그와 동시에 나는 빚을 갚아야 할 책임을 가지게 된다. 이렇게 책임은 귀책사유와 불가분의 관계를 맺고 있다. 내가 어떤 법을 위반했을 때, 나는 그에 대한 책임을 져야 한다. 또한 내가 타자에게 위험을 초래하거나 고통을 유발했다면, 그에 대한 책임을 지는 것은 당연하다. 책임은 이 모든 경우에 어떤 원인제공(귀책사유)에 대한 책임짐 혹은 대가지불을 의미한다. 내가 빌린 것이 돈이라면 돈으로 갚아야 하고, 내가 타자에게 어떤 고통을 초래했다면 그에 합당한 벌을 받아야 한다. 타자의 경제적 궁핍을 초래하고, 타자의 고통을 유발한 '잘못'이 나에게 있으므로 그러한 책임을 지는 것은 당연하다.

그런데 하이데거가 말하는 책임은 이처럼 우리에게 친숙한 의미의 도덕적, 법률적, 경제적 책임이 아니라, 그보다 한 차원 깊은 곳, 즉 통상적 양심 개념의 실존론적 근거를 겨냥한다. 실존론적 개념으로서의 책임은 어떤 대가를 지불함으로써 갚을 수 있는 그런 도덕적, 법률적 책임과는 거리가 멀다. 현존재와 관련하여 책임을 말할 때 그것은 애당초 어떤 '잘못'이나 불찰을 - 그것에 대해 내가 '책임'을 져야하는 바 - 전제하지 않는다. 그렇다면 현존재의 실존과 관련하여 책임은 무엇을 의미하는가?

실존론적 의미에서 '책임진다'는 것은 현존재가 근원적으로 "허무('없음', Nichtigkeit)의 근거"(283)라는 사실과 관계한다. 현존재는 근원적인 의미에서 '허무'에 의해 규정되어 있다. 도대체 현존재의 이 허무는 어디에서 비롯되는가? 우선 현존재는 자신이 언제나 이미 처해있는 상황을 선택할 수 '없다'. 상황에 속절없이 내던져져 있을 뿐이다. 물론 이러한 내던져져 있음 속에서 현존재는 자신의 가능성을 선택할 수 있지만, 이 가능성 자체를 스스로 만들어 낼 수는 '없다'. 또한 선택을 포기할 수는 있지만, 이러한 포기도 넓은 의미에서 선택인 한, 가능성의 영역을 벗어날 수도 '없다'. 즉 현존재는 자신의 내던져져 있음(피투성)에서 벗어날 수 '없다'. 하지만 그럼에도 불구하고 현존재는 자신의 피투적 존재에 대한 책임을 어느 누구에게도 양도할 수 '없다'. 현존재는 자신의 피투성의 유일한 근거가 자신이라는 사실을 받아들여야 한다. 현존재의 존재는 이렇듯 온통 '없음'(허무)에 의해 규정되어 있지만, 그럼에도 불구하고 스스로 '근거로서' 존재해야 한다. 이것은 현존재가 어떤 식으로든 피할 수 없는 사실이다.(현사실성)

이처럼 현존재가 말하는 실존론적 책임은 어떤 도덕 규범의 위반에 대한, 혹은 그 밖의 어떤 잘못에 대한 대가를 지불하기 위한 게 아니다. 하이데거가 말하는 현존재의 근원적 책임은 바로 자기 자신의 실존 자체에 대한 책임이다. 양심은 바로 현존재의 이러한 현사실성, 즉 자신의 존재를 스스로 선택하지 않았음에도 불구하고 그에 대한 책임을 질 수밖에 없다는 사실을 일깨워 주는 내면의 소리이다.

자신의 존재에 대한 책임을 질 수밖에 없다는 사실은 현존재에게 큰 부담으로 다가온다. 실존은 현존재에게 바위와도 같은 큰 짐이지만, 그는 결코 이 짐을 내려놓을 수 없다. 이는 마치 다시 굴러 떨어질 줄 알면서도 시지포스가 바위를 산정까지 밀어 올려야만 하는 것과 같다. 실존은 현존재에게 운명적으로 짐과 같은 것이지만, 그는, 그가 실존하는 한, 결코 이 짐을 내려놓을 수 없다.

실존의 짐스러움은 선택의 가능성을 선택하지 않을 수 없다는 사실에서 최고조에 달한다. 실존은 곧 선택이다. 실존한다는 것은 기투, 즉 가능성을 향해 자신을 던진다는 것(기투)을 의미한다. 현존재는 어떤 식으로든 자신의 존재 가능성을 선택하고, 선택된 가능성 이외의 다른 가능성들은 포기해야만 한다. 바로 여기에 실존의 유한성이 존립한다.

양심의 부름 속에서 현존재가 부름 받는 것은 바로 이 실존의 유한성에 대한 책임이다. 양심은 선택의 가능성으로부터 도망치지 말라는 소리 이외의 다른 것이 아니다. 자기 자신의 고유한 가능성의 선택을 위해서 가장 필요한 것은 이러한 양심의 소리를 외면하지 않는 것, 즉 "양심을 가지고자 함"(양심의 의지, Gewissen-haben-wollen, 288)이다. "양심을 가지고자 함은 (...) 현사실적 책임의 가능성을 위한 실존적 전제이다."(288) 어떤 가능성의 선택은, 선택의 가능성 자체의 선택 없이는 결코 가능할 수 없기 때문이다.

이처럼 양심은 현존재를 일상의 안온함에서 탈출시켜 자기 자신과 대면케 한다. 현존재를 각자 자기 자신으로 존재하게 한다. 즉 인간을 단독화하고 개별화한다. 개별화된 현존재는 자신이 얼마나 무의미한 세계 안에서 존재하고 있는지, 자기 자신이 얼마나 허무하고 유한한 존재인지를 깨닫게 된다. 하이데거가 말하는 책임은 존재의 허무와 유한성에 대한 이러한 깨달음 이외의 다른 것이 아니다. 앞에서 언급한 바 있는 '허무의 근거'는 현존재 자신 이외의 어떤 다른 존재도 자신의 근거일 수 없음을 의미한다.

그러나 하이데거가 말하는 이런 의미의 책임이 자유로운 기투(선택)가 단지 주관적 자의에 불과함을 말하지는 않는다. 현존재의 기투는 언제나 현사실성의 한계에 의해서 제약된 기투일 뿐이라는 사실을 우리는 기억해야 한다. 기투의 이러한 유한성을 이해하는 것은 매우 중요하다. 왜냐하면 이러한 깨달음은 현존재가 자신의 유한한 존재에 대한 무관심 속에서 맹목적으로 살아가는 것을 더 이상 허용하지 않을 것이기 때문이다. 즉 자신의 자유가 가지고 있는 이러한 유한성과, 자신의 책임에 대한 이러한 깨달음은 현존재에게 진정한 자유를 가져다준다. 존재의 허무에 대해 말해주는 양심의 소리에 귀 기울이는 자만이 "가장 고유한 책임에 대한 자유"(288)를 가지게 된다.

8.4. 결의성과 상황

하이데거의 양심 개념 이해를 위해서 무엇보다 중요한 것은 실존론적 양심 개념과 전통 철학에서 비롯된 통속적 양심 개념의 구분이다. 하이데거는 양심의 부름을 이른바 '양심의 가책'과 구분한다. 전통 철학은 양심의 주된 기능이 어떤 행동에 대한 도덕적 판단에 있다고 봤다. 나의 행동에 도덕적 하자가 있을 때 양심의 경종이 울리고 그에 따른 가책을 느낀다고 본 것이다. 예컨대 셸러(M. Scheler)는 좋은 양심과 나쁜 양심을 구분했다. 좋은 양심은 양심에 아무런 거리낌이 없는 양심이고, 나쁜 양심은 가책을 느끼는 양심이다. '좋은 양심'은 "양심의 가책의 결핍에 대한 체험"이다.[46] 그러나 이러한 양심의 가책의 결핍에 대한 체험은 - 하이데거는 이렇게 묻는다 - 도대체 무엇을 말하는가? 그것은 어떻게 가능한가? 그러한 체험은 죄를 짓지 않았다는 사실에서 비롯되는 내적 안정 혹은 떳떳함과 같은 것을 의미하는가?

아무런 가책도 느끼지 않는 떳떳한 양심, 즉 좋은 양심은 책임질 어떤 잘못된 행동도 하지 않았다는 사실에서 비롯된다. 그러나 이러한 의미의 양심은 어떤 부름의 성격도 가지고 있지 않다는 점에서 하이데거가 말하는 실존론적 양심과는 전혀 다른 것이다. 가책을 느끼는 양심(나쁜 양심)은 가책을 느끼지 않는, 즉 떳떳한 양심(좋은 양심)의 반대 현상일 뿐이다. 통상적인 의미에서 양심은 외적 규범이 - 이것은 신의 명령일 수도 있고, 사회적 관습일 수도 있다 - 내면화 된 것에 불과하다. 이에 반해서 실

46) M. Scheler, *Der Formalismus in der Ethik und die materiale Wertethik*, *Jahrbuch für Philosophie und phänomenologische Forschung*, Halle 1916, 192쪽.

존론적으로 이해된 양심은 밖에 존재하는 어떤 규범이 제시한 기준에 따라 가책을 느끼거나 떳떳함을 느끼지 않는다. 또한 어떤 행동을 하라고 명령하지도 않는다. 특히 실존론적 양심 개념은 - 통상적인 양심 개념과 달리 - 죄의식과 관계하지 않는다.

양심의 부름은 나 자신으로 존재할 것에 대한 요구를 담고 있다. 나 자신의 고유한 가능성을 감지하고, 그 가능성을 선택하라는 '내면의 소리'(양심)를 듣고, 그 안에 담긴 요구를 이해할 수 있기 위한 가장 중요한 조건은 그 소리를 향해 내가 '열려 있어야' 한다는 것이다. 이것이 바로 '양심을 가지고자 함'(양심의 의지)의 의미이다. 양심의 소리를 향한 이러한 열려 있음, 이러한 '의지'가 선행하지 않는다면 양심의 소리는 현존재에게 단순한 강요에 불과하게 될 것이다.

양심의 부름을 본래적 실존의 가능성에 대한 요구로 이해할 때 현존재는 불안을 느끼게 된다. 양심을 가지겠다는 의지는 "불안할 각오"(296) 없이는 불가능하기 때문이다. 양심을 향한 의지와 불안할 각오로 무장한 현존재는 마침내 양심의 부름, 그 침묵의 소리를 들을 수 있게 된다. 이 침묵의 소리야말로 세상 사람들이 만들어내는 시끌벅적한 소음(세인의 빈말)을 차단하는 가장 효과적인 수단이다.

하이데거가 말하는 결의성(Entschlossenheit)은 이렇게 불안과 침묵 속에서 양심의 소리를 듣고자 하는 현존재의 결연한 태도를 가리킨다. “자신의 양심에 의해 현존재 자신 안에서 입증된 탁월하고도 본래적인 개시성, 즉 침묵과 불안 속에서 이루어지는, 가장 고유한 책임을 향한 자기기투를 우리는 결의성이라고 부른다.”(296이하) 현존재의 ‘진리’는 이러한 결의성을 통해서만 주어진다. “결의성과 함께 현존재의 가장 근원적인, 본래적인 진리에 도달한다.”(297)

세계 내에서 본래적 방식으로 실존하는 현존재는 결의성을 특징으로 한다. 말하자면 결의성이야말로 본래적 실존의 가장 큰 특징이다. 결의성의 방식으로 실존하는 현존재, 즉 본래적 현존재는 주어진 상황에서 실존적 ‘결단’을 피하지 않는다. 본래적 현존재와 달리 세인은 결단하지 않고 늘 세상 사람들의 뜻을 좇는다. 세인의 특징은 몰양심(양심의 결여)에 놓여 있다.

결의성의 태도를 가진 현존재에게만 ‘상황’(Situation)이 허용된다. 결의한 현존재에게만 세계가 상황으로서 개시된다. 이렇게 상황으로서 개시된 세계 안에서 현존재는 비로소 자신의 고유한 가능성을 선택할 수 있다. 다시 말해 상황은 단순히 현존재 ‘앞에’ 전개되는 게 아니다. 상황은 현존재의 결의성을 통해서 비로소 주어진다. 현존재가 기존의 상황 안으로 던져지는 게 아니라, 결의성을 통해 현존재에게 비로소 상황이 '열리는' 것이다.

반면에 세인에게는 상황이 허용되지 않는다. 본래적 현존재에게 상황이 열려 있다면, 세인에게는 상황이 닫혀 있다. 이른바 우연이라는 것도 결의한 현존재에게만 가능하다. 즉 결의성이 선행할 경우에만 우연에 대한 경험이 가능해진다. 어떤 행위가 우연에 의해 촉발되는 게 아니라, 내가 이미 결의적이기 때문에, 우연이라는 것도 발생 가능하게 된다. "현[거기, Da]의 공간성이 개시성 안에 그 근거를 가지고 있듯이, 상황은 결의성 안에 그 토대를 가지고 있다. 상황은 그때마다 결의성 안에서 개시된 '현'(거기)이다. (...) 상황은 오직 결의성을 통해서만, 결의성 안에서만 존재한다."(299) 현존재가 상황 속에 있을 수 있는 것은, 오직 그것이 자신의 결의성을 통해서 주어질 때 뿐이다. 그러므로 하이데거는 이렇게 말할 수 있었다. "세인에게는 상황이 본질적으로 닫혀 있다. [이에 반해] (...) 결의성은 현의 존재[현존재, Sein des Da]를 자신의 상황 안에서 실존케 한다."(300)

8.5. 선택과 결단

이로써 하이데거는 현존재가 실존론적 기투(죽음을

향한 선구)에서 전체존재일 수 있다는 사실, 이러한 전체존재 가능성의 '실존적 증거'가 결의성 안에 존립한다는 사실을 입증했다고 믿는다. 그렇다면 남은 문제는 죽음을 향한 선구와 결의성의 관계를 어떻게 볼 것인가 하는 것이다.

양심을 가지고자 하는 의지는 나에게 '상황'을 허용하고, 그 안에서 내가 스스로 결단할 수 있도록 도와준다. 결의를 통해 열린 상황 안에서 내가 어떤 한 가지 가능성을 선택한다는 것은 그 밖의 다른 가능성들은 포기한다는 것을 의미한다. 모든 가능성을 향해 열려 있겠다는 태도는 아무 것도 선택하지 않겠다는 것이나 마찬가지다. 본래적 실존은 양심에서 비롯된 선택과 그에 대한 책임을 통해서만 비로소 가능해진다.

현존재의 결의성은 자신의 유한성에 대한 의식과 불가분의 관계를 맺고 있다. 자신의 책임을 의식하고 있는 경우에만 결의성은 가능하기 때문이다. 모든 본래적 선택은 언제나 선택하는 자 자신의 최후, 즉 자신의 존재 깊숙이 내재해 있는 유한성에 대한 명료한 의식과 연결되어 있다.

내가 유한하기 때문에 특정 가능성들에 대해 결단해야 하는 것이 아니다. 오히려 내가 결의적인 태도를 취하기 때문에, 즉 내가 종말과 관계하며 존재하기에 비로소 나는 특정 가능성을 선택하고 결단할 수 있게 된다. 선택과 결단의 가능조건으로서의 이러한 결의성과 '죽음을 향한 선구'는 불가분의 관계를 맺고 있다. 현존재의 결의성은 자신의 유한성에 대한 명료한 의식 없이는 불가능하기 때문이다. 내가 나 자신의 최후를 향한 이러한 선구를 통해 결의적 태도를 취하지 않고서, 어떤 가능성을 나의 본래적 가능성으로서 선택하는 일은 결코 가능하지 않다.

결의적 태도를 취한 사람의 선택과 결단은 일관성을 가지게 된다. 아울러 나의 삶에 일정한 방향이 설정되기에 이른다. 나는 나에게 열린 매 상황 속에서 '도대체 나는 누구인가?'라는 물음을 치열하게 제기하고, 나 자신의 최후와 관계하면서(죽음을 향한 선구), 이런저런 선택을 할 때도 있고, 하지 않을 때도 있다.[47]

나의 종말에 대한 의식, 즉 죽음을 향한 선구와 결의적 태도는 둘이 아니고 하나이다. 결의성이 곧 죽음을 향한 존재이고 죽음을 향한 존재가 곧 결의성이다. 나의 결의성은 나의 유한성에 대한 통렬한 의식 이외의 다른 것이 아니다. 나의 피투성에서 비롯된 불안에 대한 나의 태도가 바로 결의성이다. 물론 이러한 결의성을 통해 불안이

---

47) 아무런 선택도 하지 않는 것 역시 선택이다.

제거되는 것은 아니다. 불안이 오히려 나의 결의성을 가능케 한다. 나의 존재 깊숙이 자리 잡은 불안에서 도피하지 않고, 그것을 감내할 때, 나는 결의적일 수 있다. 불안 없이는 '존재의 용기'도 없다.[48] 존재의 용기는 내적 불안의 제거나 은폐를 통해서가 아니라, 그것을 대면하고 견뎌냄으로써 비로소 가능해진다. 불안한 가운데 자신의 본래적 가능성을 선택함으로써 나는 '나 자신'을 선택하고, 이것은 곧 나 자신의 참된 정체성 획득으로 이어진다.

그렇다면 결의성 속에서 행해진 나의 선택과 결단은 어떤 변화도 허용하지 않을 만큼 '최종적'인가? 그렇지는 않다. 물론 결의적 태도에서 비롯된 선택과 결단은 어떤 예외도 허용하지 않겠다는 단호함을 특징으로 한다. 하지만 이러한 단호함이 모든 변화를 거부하는 폐쇄성을 의미하지는 않는다. 자신의 선택과 결단이 옳다는 확신과 자신이 내린 선택과 결단에 대한 집착은 전혀 다르다. 결의적 태도를 가진 사람은 자신의 선택과 결단에 집착하지 않고 "그때마다 현사실적 가능성에 대해 자유롭고, 열려 있어야 한다."(307) 즉 나는 언제라도 나의 선택과 결단을 철회할 가능성에 대해 열려 있어야 한다. 그래야만 결의성의

48) '존재의 용기'(The Courage to be)는 신학자 틸리히(P. Tillich)가 쓴 책의 제목이기도 하다.

가능적 성격이 유지될 수 있고, 새로운 선택과 결단이 지속 가능하게 된다. 나의 선택과 결단의 옳음은 상황의 변화 속에서 거듭 새롭게 확인될 수 있어야만 한다.

선택과 결단이 타성에 젖거나 정해진 관행에 따라 기계적으로 이루어지게 되면, 세인의 일상, 비본래성의 영역으로 되돌아가게 된다. 이러한 되돌아감(퇴락)의 가능성은 늘 열려 있다. "[현존재는] 세인의 비결의성에로의 가능한 상실을 향해 언제나 열려 있다."(308)

양심을 향한 의지, 즉 결의성은 현존재 자신의 죽음을 향한 선구에서 나온다. 죽음이라는 "현실적 근본가능성을 냉철하게 이해"(310)함으로써 현존재는 양심의 의지를 가지게 된다. 죽음을 향한 선구를 감행한 현존재는 불안에 빠지지만, 불안은 현존재에게 "단독화의 존재가능"(310)과 "절제된 기쁨"(310)을 선사한다.

하이데거 길

Chapter 9
시간성

09.

시간성

9.1. 새로운 시간 물음

서양 형이상학의 근저에 놓여 있는 존재의 시원적인 의미는 무엇이었던가? 이 물음에 대한 플라톤의 대답은 분명하다. 플라톤에게 존재는 - 그의 이데아론이 보여 주듯이 - 현전성을 의미했다. 현전성은 플라톤부터 니체와 마르크스에 이르기까지 서양 형이상학의 전 역사를 통틀어 모든 존재 이해의 근저에 놓여 있는 존재이해의 핵심적 의미이다.

여기서 무엇보다 중요한 것은 존재를 현전성으로 이해하는 것 안에 시간적 계기가 숨어있다는 사실을 깨닫는 것이다. 왜냐하면 현전성은 이미 하나의 시간적 규정, 즉 '현재'라는 특정 시점에서 존재를 이해하는 것이기 때문이다.[49] 현전하고 있는 존재자는 그것이 지금 존재하고 있음을 말한다. 즉 과거에 존재했었지만 지금은 더 이상 존재하고 있지 않다거나, 지금은 존재하고 있지 않지만 미래에 존재하게 됨을 의미하지 않는다. 존재가 이렇게 현전성으로 이해되면, 과거(더 이상 지금 있지 않음)와 미래(아직 지금은 있지 않음)는 엄밀한 의미에서 존재하지 않는 것이 되고 만다. 그렇기 때문에 하이데거는 존재에 대한 이해 안에 숨어 있는 이러한 시간적 의미에 대해 묻는 것이 중요함을 역설한다. "현전성을 통한 존재의 의미 규정 안에는 시간적 계기가 숨어 있다. 이러한 사실은 존재의 의미를 묻는 사유, 즉 존재'와' 시간 사이에 놓여 있는 관계에 대한 물음을 분명하게 제기할 것을 요구한다."[50]

---

49) 플라톤이 이데아를 참된 존재라고 말할 수 있는 것은 그것이 영원하기 때문이다. '현재'가 과거로 흘러가지 않고, 즉 변화하거나 소멸하지 않고, 영원히 현재로 남기에 참되다는 것이다. 이처럼 영원불멸하는 존재는 참된 것이고, 생성소멸하는 존재는 - 엄밀한 의미에서 - 거짓된 것이라는 이원론은 서양 형이상학의 역사 전체를 관통해서 흐르는, 서구적 존재이해의 근본방식이다.

50) 전집 15, 337쪽 이하.

하이데거에 앞서 이러한 통찰과 이러한 물음을 던진 철학자는 없었다. 형이상학의 탄생과 발전, 그 종말(완성)에 이르는 기나긴 역사를 통틀어 존재이해 안에 숨어 있는 시간적 의미를 정확하게 인식하고, 그것의 존재론적 의미를 사유의 화두로 삼은 이는 하이데거가 최초라고 감히 말할 수 있다. 전통 형이상학은 끊임없이 존재를 문제 삼았지만, 존재는 언제나 현전성으로 이해되었을 뿐이며, 존재이해의 방식 안에 숨어 있는 암묵적 전제나 문제성 자체를 사유의 대상으로 삼은 적은 단 한 번도 없었다.

하이데거를 통해서 우리는 이제 분명히 깨닫게 된다. 전통 형이상학에서 존재의 의미는 언제나 현전성으로 이해되어 왔고, 현전성은 '현재'와 관계한다. 그런데 현재는 시간의 한 양태이다. 이로부터 추론 가능한 사실은 존재이해의 근원이 시간 안에 놓여 있다는 것이다. 따라서 이제 무엇보다 중요한 것은 존재와 시간의 관계에 대한 물음을 제기하는 것이다. 이것은 새로운 존재사유에게 불가피하게 요구되는 과제이다. 즉 새로운 존재사유의 과제는 존재의 의미를 시간과 관련하여 문제 삼는 것이다.

그러나 이 때 어려운 물음이 발생하는데, 그것은 바로 존재의 의미를 그것으로부터 사유하고자 하는 바 그것, 즉 시간이 무엇이냐 하는 것이다. 존재의 의미 해명을 가능케 하는 시간, 그 자체는 도대체 무엇이란 말인가?

일찍이 아리스토텔레스는 이후 전개되는 형이상학적 사유의 전체에 결정적인 영향을 끼치게 되는 시간관을 피력한 바 있다. 그러나 아리스토텔레스의 시간 개념은 존재와 시간의 관계에 대한 물음에 도움을 줄 수 없다. 왜냐하면 아리스토텔레스는 그리스 특유의 존재 이해를 출발점으로 삼고 있기 때문이다. 그는 시간의 존재를 규정하고 싶었지만, 당시 존재에 대한 그리스적 해석, 즉 현전성에서 출발했기에 이러한 목표에 도달할 수 없었다. 존재를 현전성으로 해석함에 있어서 그 근저에는 언제나 이미 시간적 규정이 놓여 있다. 아리스토텔레스는 시간과 관련하여 형이상학적 물음을 던진다. 도대체 시간은 무엇인가? 이 때 시간은 존재하는 어떤 것임이 전제되어 있다. 즉 아리스토텔레스는 무가 아니고 그 무엇인가로 존재하는 한에 있어서의 시간에 대해 묻고 있다. 이때 아리스토텔레스가 간과하고 있는 것은 이러한 시간 물음 안에 하나의 전제가 놓여 있다는 사실이다. 그 전제는 앞에서 언급한 바 있듯이, 존재를 현전성으로 해석함으로써 부지불식간에 현재라고 하는 특정 시간에 매달리고 있다는 사실이다.

헤겔과 니체에 이르는 모든 형이상학은 이점에서 아리스토텔레스의 시간 이해를 넘어서지 못하고 있다. 그들은 시간을 언제나 존재자의 존재에 대한 주도적 해석, 즉 현재를 출발점으로 삼은 존재해석의 바탕 위에서 문제 삼았을 뿐이다.[51] 칸트의 시간 해석도 예외는 아니다. 칸트에 의하면 존재자는 인간의 인식 대상이다. '대상'(Gegenstand)이라는 독일어 자체가 이러한 의미를 담고 있다. 존재자는 인간에 대해(gegen) 마주 서 있는(stehen) 것으로서 존재한다. 즉 존재자는 주체로서의 인간에 대해 마주 서있는 대상으로서 현전하고 있는 것이다. 이러한 존재해석의 지평 위에서 칸트는 시간을 해석한다. 시간은 현재의 지속적 흐름으로 존재한다. 시간은 흐르지만, 이러한 흐름 자체, 즉 시간 자체는 결코 사라지지 않고 영원히 존속한다. 즉 시간의 존재는 칸트에게 있어서도 현전성으로 파악된다. 여기서 시간을 파악하는 관점은 현전성으로서의 존재이다. 그리고 시간 해석의 지평은 (과거도 미래도 아닌) 현재이다.

여기서 분명히 드러나는 것처럼 형이상학적 시간 개념은 언제나 현전성과 현재로서의 존재에 의해 규정되어 있다. 존재의 의미 규정을 위한 근거가 현재 안에 놓여 있다. 이런 관점에서 보면 과거와 미래는 현재의 결핍을 의미한다. 즉 더 이상 존재하지 않는 것(과거)과 아직 존재

51) 전집 15, 338쪽.

하지 않는 것(미래)으로서 존재의 결여이다. 존재 일반이 현전성과 현재로서 이해되고, 이와 마찬가지로 시간의 존재 역시 그렇게 이해되는 한, 시간의 본래적인 존재는 어쩔 수 없이 현재로 규정될 수밖에 없는 것이다.

그러나 형이상학적 시간 개념이 형이상학적 존재 이해의 필연적 결과인 것이라면, 우리는 우리에게 그토록 친숙한 시간 개념, 즉 현재의 연속으로서의 시간으로부터 일단 거리를 두고, 다른 식으로 시간을 이해하기 위해 노력할 필요가 있지 않을까?

이때 무엇보다 중요한 것은 시간을 새로운 방식으로 사유하려는 시도, 혹은 용기이다. 즉 전통 형이상학과는 다른 방식으로 시간을 문제 삼겠다는 의지이다. 그리고 이처럼 다르게 파악된 시간으로부터 존재의 의미를 새로운 방식으로 다시 묻는 것이다. 그러나 시간을 전통 형이상학과는 다른 방식으로 문제 삼기 위해서는 '시간은 무엇인가?'라고 묻지 않도록 조심해야 한다. 왜냐하면 이런 식으로 시간을 물을 경우 우리는 이미 시간을 어떤 존재자처럼 생각할 수밖에 없기 때문이다.

그렇다면 어떻게 하면 시간을 형이상학과는 다른 방식으로 물을 수 있는 것일까? 하이데거의 생각에 의하면, 형이상학과 다른 식으로 시간을 문제 삼는 것은 인간, 즉 현존재의 시간성에 대한 분석을 통해서 가능하다. 현존재의 시간성은 형이상학에 의해 형성된 시간 개념을 가지고는 파악할 수 없는, 새로운 현상이다. 현존재의 시간성에 대한 분석은 존재의 시간적 의미를 새롭게 사유하고, 존재이해의 지평이 시간임을 밝힐 수 있는 수단을 우리에게 제공해 준다. 『존재와 시간』은 바로 이러한 새로운 시도를 담고 있다.

9.2. 염려와 시간

하이데거는 『존재와 시간』에서 현존재의 존재, 즉 염려의 의미를 시간성으로 규정한다. "염려 구조의 근원적 통일성은 시간성 안에 놓여 있다."(327) 그렇다면 염려의 구조계기들, 즉 실존론성, 현사실성, 퇴락은 시간성의 양태들로 재구성될 수 있어야 하지 않을까? 그렇다. 실존론성은 미래(Zukunft), 현사실성은 과거(Gewesenheit), 퇴락은 현재(Gegenwart)와 관계한다.

현존재의 존재를 하이데거가 염려라고 부르는 것은 실존론성(미래), 현사실성(과거), 퇴락(현재)을 하나로 묶어 통일적으로 표현하기 위한 것이다. 『존재와 시간』의 전반부(1부)가 이들 구조계기에 대한 개별 분석이라면, 후반부(2부)는 이 구조계기들 간의 관계에 대한 종합적 설명이다.

현존재의 전체성은 결의성을 통해서 자신의 가장 극단적인 가능성(죽음)을 향해 선구하고, 다시 자신의 현재로 돌아오는 것을 통해 보장된다. 하이데거가 『존재와 시간』 후반부(2부)에서 죽음(유한성), 결의성, 책임, 양심 등의 현상에 주목하는 것은 그것들이 현존재의 존재인 염려의 구조적 통일성과 전체성을 보여준다고 믿기 때문이다.

염려는 현존재의 근본구조이다. 현존재는 세계-내-존재이다. 그러므로 "'나'라고 하는 말 안에는 세계-내-존재로서의 현존재가 말하고 있다."(321) 일상성 안에서 '나'는 본래적 자기가 아니라, 단지 세인-자기로 살아간다. 세인-자기는 현존재의 세계성에 대한 아무런 이해도 가지고 있지 않다. 데카르트부터 칸트에 이르는 근대적 주체 표상, 즉 무세계적 자아, 통각(Ich-denke)으로서의 '나'는 - 적어도 하이데거가 보기에 - 철학의 외피를 뒤집어쓴 세인-자기에 불과하다.

어제의 '나'와 오늘의 '나'가 동일성을 유지하는 것은 근대 철학자들이 생각했던 것처럼 실체적 자아 덕분이 아니다. 실존론적 관점에서 볼 때 나의 자기 정체성은 본래적 존재 가능성을 향한 기투 덕분이다. 현존재가 본래적 자기의 정체성을 가질 수 있는 것은, 즉 '나'의 자기동일성을 유지할 수 있는 것은, 어떤 실체적 속성의 지속을 통해서가 아니라, 현존재가 자신의 고유한 태도를 획득하고,

획득된 태도의 일관성을 유지하기 때문이다.

그렇다면 현존재는 어떻게 자신의 고유한 태도와 그 일관성을 획득하는가? 자기만의 고유한 태도의 획득은 자신의 고유한 가능성들의 선택과 그러한 선택이 제공한 자립과 자유를 통해 가능해진다. 물론 자신의 고유한 가능성의 선택을 통해 획득된 이러한 자립과 자유를 지속할 수 있기 위해서는 일상적 통념과의 부단한 대결, 퇴락의 성향에서 벗어나려는 불굴의 노력이 요구된다. 이렇게 놓고 볼 때 현존재의 정체성과 자립성을 가능케 하는 것은 결국 죽음을 향한 선구적 결의성 이외의 다른 것이 아니다. 본래적 자기로서의 '나'는 퇴락의 비본래적 일상성 속에서도 선구적 결의성으로서의 '나'를 잃지 않고 지탱하는 것, 나 자신의 정체성을 지켜내기 위해 노력하는 가운데 비로소 획득 가능하다.[52] 말하자면 자기 정체성의 획득을 위한 노력은 결코 일상성의 거부 혹은 그것으로부터의 도피를 의미하지 않는다.

'나'의 정체성(자립성) 확립을 위한 노력이 일상성

---

52) 자기 정체성 획득을 위한 노력이 일상성의 거부를 의미하지는 않는다. '나'의 정체성(자립성)을 유지하기 위한 노력이 일상성을 벗어났을 때 비로소 가능해진다고 볼 수도 없다. 내가 본연의 나로 존재하기 위해서 반드시 '속세'를 떠나야 하는 것은 아니기 때문이다.

을 벗어났을 때 비로소 가능해진다고 보는 것은 큰 착각이다. 오히려 나 자신의 정체성 확립은 일상성을 떠나지 않고 그 안에 머무르면서, 그것과 치열하고 고독하게 대결함으로써만 비로소 가능해진다. “현존재는 침묵의 근원적인 단독화[고독] 속에서, 자신에게 불안을 요구하는 개시성 속에서, [비로소] 본래적 자기로서 존재한다.”(322)[53)]

9.3. 미래의 유한성과 순간

본래적 자기의 정체성을 가능케 하는 것은 선구적 결의성이다. 선구적 결의성은 현존재 자신의 존재에 대한 관심을 전제한다. 자기 자신의 존재에 대한 이러한 관심, 이러한 현존재 특유의 자기관계가 바로 하이데거가 말하는 염려이다. 자기 자신의 존재에 대한 염려는 현존재 자신의

53) 그러나 본래적으로 실존하는 현존재의 이러한 단독화가 반드시 타자와의 단절을 의미하지는 않는다. 오히려 실존의 본래성은 “타자에 대한 배려 속에서 [타자와] 함께 있도록”(298) 한다. 다시 말해서 “결의성은 본래적 자기로서 현존재를 세계로부터 유리시키지 않고, 부유하는 자아로서 고립시키지 않는다.”(298)

본질이다. 그렇다면 이 염려 자체는 도대체 무엇을 의미하는가? 이 염려는 무엇에서 비롯되는가?

염려의 '의미'를 물을 때 이 물음이 단순히 염려라는 '말'의 뜻을 - 예컨대 사전적 의미 - 겨냥하고 있지 않음은 분명하다. 왜냐하면 하이데거에게 '의미'(Sinn)란 그 안에서 우리가 이미 이해하고 있는 바로 그것, 그것 덕분에 의미를 의미라고 부를 수 있게 해주는 바로 그것을 의미하기 때문이다. 그렇다면 우리는 염려의 의미에 대한 물음을 이렇게 바꾸어 표현할 수 있을 것이다. 우리가 언제나 이미 염려의 개념 안에서 이해하고 있는 바, 그것은 무엇인가? 무엇이 염려라는 현상을 가능하게 해주는가?

이 물음에 대한 하이데거의 대답은 다름 아닌 '미래'이다. 자기 존재에 대한 염려는 '미래'가 열려 있기 때문에 가능하다는 것이다. 현존재가 고유한 자기로 복귀 혹은 귀환을 가능케 하는 결의성은 이렇게 열려 있는 미래의 존재 가능성에 대한 염려에서 비롯된다. 그러나 하이데거가 말하는 이 '미래'는 아직 오지 않은 현재가 아니라, "현존재가 자신의 가장 고유한 존재가능에 있어서 자기에게로 돌아오는 것"(325)을 의미한다. 현존재가 이처럼 '미래적'이기 때문에 과거도 가능하다. 즉 "과거성은 미래에서 발

원한다."(326)[54]

그럼에도 불구하고 지금 여기에서 분명히 해둘 것은, 시간성이 염려의 통일성을 가능하게 하고, 따라서 그것이 염려의 '의미'라는 사실이다. 시간성은 그 자체로 존재자가 아니다. "시간성은 존재하지 않고, 시숙(時熟, sich zeitigen)한다."(328)[55] 시간성은 본래적 현존재와 비본래적 현존재의 존재방식을 가능하게 한다. 시간성의 세 가지 양태들, 즉 미래, 과거, 현재는 시간성의 탈자태(Ekstasen)이다. 즉 이 탈자태 안에서 시간성이 시숙한다.

자신의 종말을 향한 존재에서 현존재는 전체로서 실존한다. 이로써 현존재는 거기에서 자신의 존재가 중단되는 종말을 소유하는 게 아니라, 유한하게 실존한다. 물론 현존재가 죽어도 시간은 계속 흘러간다. 하지만 그것은 현상이 아니라, 추상적인 의미에서 그럴 뿐이다. 현존재에게 죽음은 미래의 상실 이외의 다른 것을 의미하지 않는다.

---

54) 여기서 하이데거가 '과거'라고 하는 것은 지나가버렸다는 의미에서의 과거(Vergangenheit)가 아니라, 지금도 존재하고 있는 과거(Gewesenheit)를 말한다. 전자는 후자의 비본래적 양태이다. 인간에게 의미 있는 과거는 사라진 시간이 아니라, (기억과 상관없이) 어떤 식으로든 살아 있다.

55) 시간이 시간으로 스스로 익어간다는 것은 결국 시간이 스스로 시간화 된다는 것을 의미한다.

그리고 이 미래는 그 자체로 유한하다.

하이데거가 여기서 말하는 미래 혹은 시간 자체의 유한성은 결코 시간을 '양적으로' 이해하는 것이 아니다. 하이데거가 말하는 유한한 시간은 충만한 시간, 자신의 고유한 시간을 말한다. 이 시간은 무한한 시간에 대한 추상적 이해에서 표상되곤 하는, 벽도 바닥도 없는 텅 빈 상자와 같은 것을 의미하지 않는다. 유한한 시간이 가지는 이런 성질은 무한성의 일부, 즉 무한한 시간의 한 구간으로서의 시간으로 환원될 수 없다. 오히려 성질을 가지지 않은 무한한 시간은 본래적 시간성 내지 유한성의 평준화로서 도출 가능하다. 시간의 이러한 평준화가 일어나는 곳이 바로 일상성이다. 일상성은 비본래적, 비-결의적 실존 양식이다.

일상성 속에서 현존재는 자기가 무엇을 진실로 원하는지 알지 못한다. 알 필요가 없다. 왜냐하면 '세인'(세상 사람들)이 그가 무엇을 원해야 하는지, 무엇을 해야 하는지를 알려 주기 때문이다. 세상 사람들은 사람이라면 모름지기 무엇을 해야 할지 언제나 이미 확실하게 알고 있다. 그러나 하이데거가 보기에 이것은 "되는대로 사는 것"(370), "습관 속의 편안함"(370)을 의미할 뿐이다. 그렇기 때문에 천편일률과 단조로움을 특징으로 하는 일상성 속에서 현존재는 무기력을 느낄 수밖에 없다. 일상성 속에서 느끼는 이런 무기력은 권태(Langeweile)와는 전혀 다른 것이다. 글자 그대로 권태 안에서 시간은 길게(lang) 느껴진다. 이러한 시간 경험은 현존재를 자신의 본래적 가능성 앞으로 데려간다. 즉 무기력한 기분과는 달리 권태는 본래적 실존의 계기이자, 생산의 원천일 수 있다.

자신의 유한한 시간성을 깨닫고, 그것을 겸허히 받아들일 때 현존재는 비로소 본래성에 도달한다. 자신의 고유한 유한성에 대한 자각 없이 본래적 실존은 불가능하다. 현존재는 근본적으로 가능존재이기에 그의 시간성은 미래의 지배하에 놓여 있다. 즉 현존재의 시간 이해에서 미래는 결정적인 의미를 가질 수밖에 없다. "근원적이고 본래적인 시간성의 일차적 현상은 미래이다."(329) 미래의 이러한 우위가 가장 분명한 형태로 드러나는 것은 바로 '순간'이다. "결의한 현존재는 퇴락으로부터 자신을 되찾고, 그만큼 더 본래적으로 개시된 상황을 향한 '순간'(Augen*blick*) 속에서 '현' 존재한다."(328)

하이데거가 '순간'(Augen*blick*)에서 '본다'는 뜻을 가진 blick을 기울여 씀으로써 시간의 '길이'가 아니라, 그 안에 들어있는 어떤 통찰적 계기를 드러내려 했다는 점은 우리에게 시사해 주는 바가 크다. '순간'에서 현존재가 보는 것, 그가 통찰하는 것은 무엇일까? 그것은 바로 시간의

본질, 즉 현존재 자신의 유한한 시간성 이외의 다른 것이 아니다.[56)]

9.4. 미래와 과거, 그리고 현재

본래적 실존은 선구적 결의성의 방식으로 존재함을 의미한다. 그러나 문제는 어떻게 이러한 방식의 존재가 가능하냐 하는 것이다. 다시 말해서 도대체 무엇이 이러한 방식의 존재, 즉 본래적 실존을 가능케 하는 것인가?

현존재의 본래적 실존은 그가 자신의 존재구성틀에 따라서 존재할 때 비로소 가능해진다. 본래적으로 실존한다는 것은 현존재가 자신의 고유한 존재가능성 - 일상성 안에서 상실했던 존재가능성 - 을 선택함으로써 자기 자신을 회복한다는 것, 그리고 이러한 자기회복의 가능성을 계속 지속해 나갈 수 있다는 것을 의미한다. 이러한 자기회복의 가능성의 지속과 유지가 바로 하이데거가 말하는

---

56) '순간'을 인간의 실존과 관련하여 이해하려고 했던 철학자로는 키에르케고르가 있다. 그러나 시간을 '지금'의 연속으로 이해하고, '영원'을 그러한 의미의 시간을 넘어서 있는 것으로 이해하는 한, 키에르케고르는 여전히 전통적인 시간 이해에 사로잡혀 있을 뿐이다.

미래(Zukunft)이다. 이러한 미래는 - 아직 오지 않은 내일이 아니라 - 자기 자신으로 돌아옴(자기회복)의 가능성의 열려있음이다.

하이데거가 『존재와 시간』에서 말하는 미래는 형이상학적으로 이해된 시간에서의 미래(未來), 즉 '아직-오지 않은-지금'(Noch-nicht-jetzt)이 아니다. 하이데거에게 미래는 현존재의 고유한 가능성들이 자신에게 도래할 가능성의 열려있음, 즉 본래적 실존 가능성의 개방성을 의미한다. 이러한 개방성의 영역이 미리 열려 있지 않다면, 현존재는 자신의 고유한 존재가능성들 가운데 그 어떤 것도 선택할 수 없을 것이고, 따라서 본래적 실존 자체가 불가능할 것이다. 이처럼 현존재의 선구적 결의성으로서의 본래적 실존은 그의 존재 가능성이 근원적인 의미에서 이미 열려 있을 때, 즉 '미래적'일 때 비로소 가능한 것이다.

현존재의 본래적 실존은 자신의 고유한 가능성의 선택을 통해 자기 자신으로 돌아옴으로써, 즉 일상성 속에 매몰되어 있던 자기 본연의 모습으로 돌아옴으로써 가능해진다. 자기 본연의 모습으로 돌아온다는 것은 자신의 현사실성으로부터 달아나지 않음, 기꺼이 자신의 '과거'(Gewesenheit)를 인정하고 받아들임, 그것에 대한 책임을 회피하지 않음을 의미한다. 이러한 과거는 지나가 버렸다는 의미에서의 과거(Vergangenheit)와는 전혀 다른 것이다. 왜냐하면 내가 그것으로 존재했었고, 그것에 대해 여전히 책임져야 하는 '그' 과거는 결코 지나가버릴 수 없기 때문이다. 말하자면 하이데거가 말하는 과거는 '더-이상-지금이-아님'(Nicht-mehr-jetzt-sein)을 의미하지 않는다. 그렇기 때문에 하이데거는 일상적인 의미에서의 과거를 뜻하는 페어강엔하이트(Vergangenheit) 대신 게베젠하이트(Gewesenheit)를 말하는 것이다. '게베젠하이트'로서의 과거를 간직한 현존재만이 - 즉 과거를 지나가버린 것으로 치부하지 않는 자만이 - 자기 본연의 모습을 회복할 수 있다. 오직 '게베젠하이트'로서의 과거만이 본래적 가능성의 열려있음으로서의 미래를 가능케 한다.[57)]

여기서 미래와 과거의 독특한 관계가 드러난다. 현존재의 선구적 결의성은 자신의 과거로의 귀환을 통해 가능하고, 이러한 과거로의 귀환은 미래가 열려있기 때문이다. 과거는 지나가버려서 더 이상 존재하지 않는 '죽은' 영역이 아니라, 그 안에서 현존재가 비로소 본연의 자기로 돌아올 수 있게 되는, 여전히 '살아 있는' 영역이다. 과거가 존재하지 않는다면 현존재는 결코 자기 자신으로 돌

---

57) 이렇게 놓고 볼 때 "과거를 잊은 민족에게 미래는 없다."는 말은 매우 '하이데거적'이라고 하겠다.

아올 수 없을 것이다. 내가 과거에 저지른 행동, 내가 야기한 상황에 대한 책임을 질 수 있기 위해서라도 과거는 흘러 지나가버리지 않고, 여전히 존재하고 있어야만 한다. 그래야만 나는 나의 과거에 대해 책임을 지고, 그러한 책임짐을 통해서 나 자신의 본연의 모습을 되찾을 수 있게 된다. 만약 과거를 지나가버린 것으로 치부하면서, 그에 대한 어떤 책임도 지지 않으려 하는 사람(혹은 국가, 혹은 민족)이 있다면, 그러한 사람(혹은 국가, 혹은 민족)은 본래적 실존과는 가장 동떨어져 있다고 말할 수 있을 것이다.

과거는 현존재에게 언제나 열린 영역으로 남아 있다. 과거에 대한 책임을 통해서 현존재는 자기 자신의 본래적인 모습을 되찾을 수 있는 기회를 얻을 수도 있고, 과거에 대한 책임을 거부함으로써 오히려 자기 자신으로부터 도피할 수도 있다. 이렇게 과거는 어떤 식으로든 현존재에게 자기 자신과 관계할 수 있는 가능성을 제공해 주는 열린 공간으로 남아 있다.

그런데 세계-내-존재로서 현존재는 타자와 함께 있는 존재일 뿐만 아니라, 언제나 인간 아닌 다른 존재자들과의 함께-있음이기도 하다. 즉 현존재는 언제나 이미 일정한 상황 속에 처해 있으면서, 세계 내부적 존재자들과의 고려적 관계 속에서 존재하고 있다. 하이데거는 현존재의 이러한 존재방식을 일컬어 존재자의 현전화라고 한다. 이러한 존재자의 현전화에서 드러나는 시간은 미래 혹은 과거가 아니라 바로 현재이다. 현재의 바탕 위에서만 현존재와 다른 존재자들과의 고려적 관계 맺음이 비로소 가능해진다.

현재는 따로 존재할 수 없다. 즉 현재는 언제나 과거와 미래에 의해서 함께 규정되어 있다. 현존재가 현재의 시간 속에서 다른 존재자들과 관계 맺는 방식은 언제나 미래를 향한 선구적 기투를 통해 규정된다. 선구적 결의성의 방식으로 실존하는 현존재는 현재의 상황을 왜곡하지 않고 있는 그대로 만나게 해준다. 이렇게 미래는 언제나 - 과거와의 연계 속에서 - 현재를 규정하고 있다. 내가 어떤 미래의 가능성을 염두에 두고 있을 경우, 그 미래의 나의 모습은 오늘의 나의 존재방식을 어떤 식으로든 결정하게 마련이다.

하이데거가 말하는 시간성은 이렇게 미래와 과거와 현재가 함께 형성하는 시간의 지평을 의미한다. 이러한 시간성이야말로 현존재의 존재, 즉 염려의 궁극적인 의미이다. 시간성의 지평을 떠나서는 어떤 존재이해도, 미래를 향한 어떤 기투도, 자기 자신 및 타 존재자들과의 어떤 관계 맺음도 불가능한 것이다. 한마디로 말해서 인간의 실존 자체는 오직 시간성의 지평 위에서만 가능한 것이다.

9.5. 탈자적 시간성

시간성은 전통 형이상학과는 다른 방식으로 이해된 현존재의 존재, 즉 염려의 통일성과 전체성을 가리키는 말이다. 그러므로 시간성의 의미를 이해하기 위해서는 염려를 구성하고 있는 세 가지 계기를 시간과 관련하여 분석할 필요가 있다.

염려를 구성하고 있는 첫 번째 계기인 '자기-앞지름'은 미래에 의해서 가능하다. '이미-세계-안에-있음'은 과거에 의해 가능하고, 다른 존재자들과 '함께-있음'은 현재에 의해 가능하다. 여기서 '앞지름'은 어떤 것 보다 시간적으로 '빠름' 혹은 어떤 것에 시간적으로 '앞섬'과 같은 것을 의미하지 않는다. '이미-세계-안에-있음'에서의 '이미' 역시 더 이상 지금이 아니라는 의미에서 시간적으로 '늦음'을 의미하지 않는다. 자기-앞지름에서의 '앞'은 오히려 미래의 열린 공간, 즉 현존재가 자기 자신의 가능성들을 미리 이해하며 관계 맺으며 존재하는 것을 가능케 해주는 미래의 열린 장을 의미한다. 말하자면 자신의 존재가능성들을 향한 기투의 실존론적 의미는 미래에 놓여 있다. 미래의 열린 장은 이처럼 인간이 그것을 향해 기투하는 바 고유한 존재가능성들이 비로소 가능성으로 존재할 수 있도록 해주는 것이다. 만약 미래의 열린 장이 존재하지 않

는다면 어떤 가능성도 현존재에게 가능성으로 다가올 수 없을 것이다.[58)]

둘째, 현존재는 '자기-앞지름'의 존재일 뿐만 아니라, '이미-세계-안에-있음'의 존재이기도 하다. 여기서 '이미'는 현존재가 언제나 자기 자신의 존재를 떠맡고 있음을 의미한다. 현존재는 자신의 존재를 스스로 선택하지 않았다. 즉, 일방적으로 주어졌을 뿐이다. 하지만 그럼에도 불구하고 현존재는 자신의 존재에 대한 책임을 전적으로 져야만 한다. 이렇게 자신이 스스로 선택하지 않았음에도 불구하고 그것에 대해 책임을 져야만 하는 존재는, 이런 의미에서 언제나 '이미' 주어져 있다. 즉 내가 책임져야 하는 바 그 존재는 언제나 '과거적'이다. 현존재는 그가 그렇게 존재해온 바 자신의 과거 자체이다. 염려를 구성하고 있는 두 번째 계기인 현사실성의 실존론적 의미는 바로 이러한 의미의 과거, 즉 페어강엔하이트(Vergangenheit)가 아니라 게베젠하이트(Gewesenheit)로서의 과거(기재(旣在),

58) 전통 철학이 시간을 현재라는 시점의 영원한 흐름으로 이해함으로써 '현재'의 우위를 인정한 데 반해서, 하이데거의 실존론적 시간이해 안에서는 - 비록 하이데거가 세 가지 탈자태의 동근원성을 강조하긴 하지만 - '미래'가 약간이나마 우위를 점하는 것처럼 보이는 것은 부인할 수 없는 사실이다.

시간성의 두 번째 양태)에 놓여 있다.

현존재의 존재로서의 염려를 구성하는 세 번째 계기인 세계 내부적 존재자의 '곁에-있음'에서 드러나는 시간 양태는 두말할 필요도 없이 '현재'이다. 현존재는 언제나 다른 존재자들과 관계하면서, 그 관계에 몰입하면서 존재하고 있다. 자기 자신 아닌 다른 존재자들에 대한 몰입은 언제나 현존재로 하여금 자기상실의 위기에 빠뜨릴 가능성을 가지고 있다. 자신의 앞에 현전하는 존재자들과의 만남에 집중한 나머지 정작 자기 자신의 존재와의 관계를 소홀히 할 수 있기 때문이다.

이상에서 살펴본 시간성의 세 가지 양태, 즉 미래, 과거, 현재를 일컬어 하이데거는 탈자태(Ekstatikon)라고 부른다. 세 가지 양태 모두 현존재가 자기 자신을 벗어나서 자신의 미래와 과거, 현재와 관계 맺는다는 공통점을 가지기 때문이다. "미래, 과거, 현재는 '자기를 향해', '..로 돌아옴', '..를 만나게 함'이라는 현상적 성격을 가리킨다. '..을 향해', '..로', '..곁에'라는 현상들은 시간성을 단적으로 탈자태로서 드러낸다. 시간성은 근원적으로 '탈-자' 그 자체이다. 그래서 우리는 미래, 과거, 현재라고 성격지은 현상들을 시간성의 탈자태라고 부른다."(328)

여기서 하이데거가 말하고 있는 현존재의 탈자(脫自)는 근대 인식론이 말하는 인식론적 초월, 즉 의식이 의식

너머의 대상과 관계 맺는 것을 의미하지 않는다. 여기에는 의식의 내면성과 대상의 외면성의 구별이 전제되어 있지만, 하이데거가 거부하고자 하는 것은 바로 이러한 이분법적 사고이기 때문이다. 하이데거가 말하는 '탈'(ek)은 안에서 밖으로가 아니라, 갈라짐을 말한다. 즉 미래와 과거와 현재로 갈라짐을 통해 존재의 장이 열린다. 존재의 이러한 열린 장(개방성, Lichtung) 안에 서 있음이 바로 현존재의 '실존'이다.

『존재와 시간』에서 하이데거가 말하는 '열린 장'은 이처럼 현존재 분석론의 테두리 안에서 사유된다. 말하자면 현존재의 개방성과 관련하여 존재의 열린 장이 사유될 뿐, 현존재의 개방성이 존재의 열린 장의 관점에서 해석되지는 않고 있다. 바로 이 지점에서 우리는 하이데거의 사유의 길에서 중요한 의미를 가지고 있는, 이른바 전회(Kehre)를 만나게 된다. 현존재의 개방성으로부터 존재 자체의 열린 장으로의 전환, 즉 현존재의 개방성의 가능 근거를 존재 자체의 열린 장에서 찾으려는 시도가 바로 '전회'이다. 『존재와 시간』에서 이 전회가 분명한 형태로 이루어지는 것은 아니지만, 이미 그 싹을 틔우고 있음을 우리는 분명히 확인할 수 있다.

『존재와 시간』에서 이루어지는 현존재의 존재에 대한 실존론적 분석을 이러한 맥락에서 보지 않을 때 - 하이데거가 그토록 경계해마지 않았던 - '인간학적 오해'가 일어난다. 『존재와 시간』을 일종의 철학적 인간학으로 간주하는 것은 존재론자로서의 하이데거의 철학적 의도를 전혀 이해하지 못할 때 비로소 가능할 뿐이다.

인간은 탈자적 시간성을 통해 자신의 '거기'(Da)로 나와 서는 존재이다. 그렇기 때문에 하이데거는 인간을 현존재(Dasein)라고 부른다. 현존재의 본질로서 규정된 바 있는 실존은 바로 이러한 '나와 섬' 이외의 다른 것을 의미하지 않는다.[59)]

9.6. 형이상학의 극복

현존재의 존재의미로서 밝혀진 시간성에 대한 해명과 함께 실존론적 분석은 일단 그 목표에 도달한다.[60)] 이러한

---

59) 현존재의 탈자적 실존이 선행하지 않는다면, 존재자에 대한 어떤 인식론적 표상도 가능할 수 없고, 따라서 대상에 대한 어떤 의식도 가능할 수 없고, 심지어 자기 자신에 대한 의식(자기의식)조차 가능할 수 없다는 것이 하이데거의 생각이다.

60) 물론 이로써 존재 일반의 의미에 대한 근원적인 물음에 대한 답변까지 획득되는 것은 아니다. 현존재의 존재의미를 시간성으로 규정하는 것으로부터 존재 일반의 의미 규정에 이르는 길이 과연 존재하

도달이 철학적으로 어떤 의의를 가지는지를 이해하기 위해서는 현존재의 존재로서 규정된 염려의 존재론적 의미가 시간성이라는 하이데거의 주장에 담긴 내용을 다시 한번 전체적으로 음미해 볼 필요가 있다.

하이데거의 주장에 의하면 현존재의 존재, 즉 염려의 존재론적 의미는 시간성이다. 이러한 주장의 일차적 이유는 염려가 현존재의 세 가지 구조계기의 통일성과 전체성을 일컫는 용어라는 사실에 놓여 있다. 현존재는 자신의 거기(Da)에서, 자신의 개시성으로서 존재한다. 이때 현존재는 본래적 실존과 비본래적 실존, 즉 본래적 존재가능과 비본래적 존재가능이라는 두 가지 근본적인 가능성 앞에서 있다.

하이데거는 본래적 실존의 특징을 선구적 결의성에서 찾는다. 선구적 결의성은 자신의 고유한 존재가능을 향한 기투를 의미한다. 즉 우리가 원하지도 않았고, 선택하지도 않았지만, 그것에 위탁되어 있고, 그것에 대해 책임을 져야만 하는 바 우리 자신의 고유한 존재를 의연하게 받아

는가 하는 물음이 과제로 남는다. 이 과제에 대한 언급과 함께 - 단행본 형태로 출간된 - 『존재와 시간』은 마무리 된다. 『존재와 시간』 출간 이후 하이데거가 걸어 나간 철학적 사유의 길은 『존재와 시간』에서 제기된 이 과제를 완수하기 위한 노력의 과정으로 봐야할 것이다.

들이는 태도를 말한다.

본래적 실존은 현존재가 자신의 존재가 죽음을 향해 있음을 불안 속에서 인정하고 받아들일 때 가능해진다. 즉 현존재의 존재가 '죽음을 향한 존재'가 아니라면 본래적 실존은 불가능하다. 인간에게 죽음은 어떤 식으로도 제거할 수 없고, 어느 누구도 대신할 수 없는 가장 고유한 존재가능성이다.

하이데거는 『존재와 시간』에서 이러한 본래적 실존의 관점에서 염려의 존재론적 의미를 해명하고자 했던 것이다. 이때 중요한 것은 '의미'의 의미이다. 즉 존재의 의미 혹은 염려의 '의미'라고 할 때 하이데거가 무엇을 염두에 두고 있느냐 하는 것이다. 여기서 하이데거가 염두에 두고 있는 '의미'의 의미는 "분명하고 주제적으로 눈에 드러나 있지는 않으면서, 어떤 것의 이해 가능성을 간직하고 있는 바로 그것"(324)이다. 이러한 의미의 '의미'는 "기투의 기반"(324)이다. 왜냐하면 실존론적 분석에서 문제되는 기투는 존재가능성들을 향한 것이고, 이러한 기투는 언제나 이해 속에서 이루어지는 바, 이러한 이해적 기투를 가능케 하는 것이 바로 '의미'이기 때문이다. 이런 의미에서 '의미'는 모든 기투의 근저에서 그것을 가능케 하는 근거, 즉 '기반' 혹은 '근거'인 것이다.

'의미'는 기투를 비로소 가능케 한다. 그리고 기투된

것은 비로소 존재 이해를 가능케 하고, 이해된 것으로서의 존재를 가능케 한다. 기투된 것은 다름 아닌 개시된 존재이다. 그러므로 '의미'는 존재의 개시성, 즉 존재이해를 비로소 가능케 하는 바 바로 그것이다. '의미'는 근원적으로 존재를 개시하는 것, 이해하도록 만드는 것이다. 왜냐하면 오직 그것의 의미로부터만 존재는 이해가능하기 때문이다. 이러한 '의미'에는 본질적으로 이해적 기투가 속해 있다. '의미'가 없다면 존재에 대한 어떤 이해적 기투도 있을 수 없고, 그 반대의 경우도 마찬가지다. 즉 존재에 대한 이해적 기투 없이는 존재의 개시도 없다.

존재에 대한 이해적 기투 없이는 존재의 개시도 없다. 이런 의미에서 개시된 것으로서의 존재와 이해적 기투로서의 사유는 근원적으로 상호 공속적이다. 형이상학의 태동기에 파르메니데스가 설파한 바 있는 사유와 존재의 동일성에 대한 생각이 바로 여기에 나타나 있다. 즉 이 명제는 이해적 기투와 그 안에서 개시된 존재의 근원적인 상호 공속성에 대한 표현인 것이다.

현존재의 존재의미를 해명하기 위해서 하이데거가 사용하는 방법의 특징은 현존재의 이해적 기투가 출발점으로 선택된다는 사실에 놓여 있다. 현존재의 이러한 이해적 기투 - 그 안에서 현존재 자신이 존재에 있어서 문제되는 바 - 를 뒤따르는 것은 기투의 기반에 대한 파악이다. 기투된 것은 현존재 자신의 존재이다. 본래적 실존의 관점에서 볼 때 기투된 것은 인간의 존재가능성 가운데 본래적인 것이다. 현존재의 본래적 존재가능을 향한 기투의 기반은 개시된 것으로서 현존재의 존재가 가능케 하는 것, 즉 의미이다.

하이데거는 구조들의 통일성과 다양성에 대해 사유한다. 그는 무엇이 이 구조들의 전체성을 가능케 하느냐는 물음을 던짐으로써 현존재의 존재의미를 향해 나아간다. 도대체 무엇이 현존재의 존재를 구성하는 다양한 계기들이 하나의 통일적 '전체'를 이루도록 해주는가? 형식적으로만 놓고 볼 때 '다양한 것들의 통일성과 전체성의 근거가 어디에 놓여 있는가?'라고 묻는 것은 형이상학적 물음이다. 전통 형이상학에서 그러한 근거는 언제나 하나의 존재자, 예컨대 자기 원인으로서의 일자(一者), 즉 신 안에서 발견되었다. 신은 자기 자신 안에 존재의 근거를 가지고 있기에, 다양성의 근거로서 그것에게 통일성을 부여할 수 있는 것으로 이해되어 온 것이다.

형식적으로 보면 하이데거가 제기하는 물음도 형이상학적 성격을 가지고 있는 것은 부인할 수 없는 사실이다. 그러나 형식상 그런 것일 뿐, 그의 의도는 전혀 형이상학적이지 않았다. 왜냐하면 하이데거는 자신의 물음과 함께 다양성에게 통일성과 전체성을 부여하는 어떤 자존적

일자(신)를 염두에 두고 있지 않기 때문이다. 오히려 그는 자신의 존재가능성들을 이해하며 그것을 향해 기투하는 현존재의 존재의미를 염두에 두고 있다. 하이데거는 그 안에서 형이상학이 움직이고 있는 그 차원 안으로, 존재물음 이전에 언제나 이미 이루어지고 있는 존재이해의 차원 안으로, 즉 존재의 개방성 자체 안으로 침투해 들어가고자 하는 것이다. 형이상학은 이 차원 안으로 진입해 들어갈 수 없다. 왜냐하면 형이상학은 존재를 언제나 이미 현전성으로 이해하고 있기 때문이다. 도대체 존재가 어디로부터 자신의 이러한 의미규정을 획득하는지 그 가능성과 근거 자체를 문제 삼지 않는 한 형이상학은 - 적어도 하이데거가 보기에 - 극복되어야 할 대상으로 남아 있다.

바로 이 지점에서 우리는, 하이데거가 『존재와 시간』은 물론이고 그 이후에도 형이상학적 사유의 극복 과정 속에 있음을 확인하게 된다. 하이데거적 사유의 이러한 특징을 - 아직 하이데거가 형이상학의 언어로 말하고 있긴 하지만 - 이해하기 위해서는 앞에서 언급한 '의미'의 의미를 계속 기억하고 있어야만 한다. 하이데거에게 '의미'는 기투적 존재이해의 기반을 의미한다. 여기서 기투적 존재이해는 존재가능성들의 개시라는 기능을 가진다. 세계-내-존재로서 현존재는 자신의 고유한 존재와 함께 언제나 이미 세계 내부적 존재자의 존재를 향해서도 기투하고 있다. 이러한 기투가 선행하고 있기 때문에 현존재는 비로소 세계 내부적 존재자와 어떤 식으로든 관계 맺을 수 있게 되는 것이다.

토트나우베르크 산장 창밖 풍경

10.1. 유산의 전승

10.2. 살아있는 과거

10.3. 숙명과 운명

Chapter 10
역사성

10.

역사성

10.1. 유산의 전승

『존재와 시간』에서 현존재의 시간성에 대한 물음은 역사성에 대한 물음으로 이어진다. 하이데거의 주장은 단순하고도 명료하다. 현존재의 역사적 실존을 가능케 하는 것은 그의 시간성 덕분이라는 것이다. 즉 현존재가 이른바 역사 안에 존재하기 때문에 시간적 규정이 가능한 게 아니라, 오히려 그와는 반대로, 현존재가 자신의 존재에 있어서 근원적으로 시간적이기 때문에 비로소 역사적으로 실존하는 것이다. 하이데거의 이러한 생각을 이해하기 위해서는 시간성과 역사성의 관계에 대한 보다 자세한 설명이 필요하다.

현존재의 존재는 염려이다. 염려는 그것의 세 가지 구조계기의 통일성, 즉 시간성 안에 그 근거를 가지고 있다. 그렇기에 하이데거는 말한다. “따라서 우리는 이 시간성의 범위 내에서 실존은 역사적인 실존으로서 규정하는 하나의 생기(Geschehen)를 찾아내지 않으면 안 된다. 그럼으로써 현존재의 역사성에 대한 해석은 근본적으로 시간성에 대한 보다 구체적인 해명에 불과하다는 사실이 밝혀진다.”(382)

현존재의 역사성 개념으로 우리를 안내해 주는 것은 다시 한 번 ‘본래적 실존’이다. 하이데거는 묻는다. 본래적 실존 안에는 역사성이라고 하는 것이 얼마나 들어 있는가?

본래적으로 실존한다는 것은 현존재가 자기 자신의 고유한 존재 가능성을 향해 기투한다는 것을 말한다. 선구적 결의성 안에서 현존재는 상황을 향해 열려있다. 즉 선구적 결의성의 태도 속에서 현존재는 자신이 처해있는 상황을 왜곡하거나 은폐하지 않고 있는 그대로 받아들인다.

물론 개별적인 상황들 속에서 현존재가 어떤 길을 선택하느냐 하는 것은 실존론적 분석론, 즉 철학이 가르쳐줄 수 없다. 그것은 현존재 각자의 자유에 맡겨져 있다. 실존론적 분석론은 본래적 실존의 기투 가능성이 어디에서 비롯되는지에 대한 물음을 외면해서는 안 된다. 실존론적 분석의 관점에서 볼 때 선택의 기준을 제시하는 것보다 더 중요한 것은 도대체 그러한 가능성의 선택이 어떻게 가능한지를 묻는 것이다. 도대체 현존재는 어디에서 어떻게 그러한 선택 가능성을 획득하게 되는 것일까? 이 물음에 대답하기 위해서는 현존재의 피투성, 즉 현존재의 현사실성의 의미를 역사성의 문제와 관련하여 새롭게 이해할 필요가 있다.

현존재의 근본특징으로서 현사실성은, 현존재의 존재가 자기 자신에게 떠맡겨져 있음을 의미한다. 이 떠맡겨져 있음은 언제나 타자들과의 함께-있음을 통해서 이루어진다. 현존재는 홀로 있음이 아니라 언제나 타자와의 함께-있음, 즉 세계-내-존재이기 때문이다. 선구적 기투를 통해서 본래적인 자기를 회복하는 현존재가 자신의 기투 가능성을 획득하는 것은 다름 아닌 자신에게 떠맡겨져 있는 이 존재 이외의 다른 것이 아니다. 말하자면 현존재의 모든 가능성들은 - 그것을 향해 현존재가 기투하는 가능성들 - 자신의 피투성 안에 존재하는 가능성들을 기투적 이해를 통해 자기 자신에게 넘겨주는 것이다.

하이데거는 이러한 넘겨줌을 "유산의 전승"(383)이라고 부른다. 유산은 내가 타자와 함께 물려받은 것이고, 언제나 이미 타자와 함께 나에게 주어진 가능성들이다. 바로 여기에서 현존재 특유의 역사성이 드러난다. 선구적 결의성, 즉 본래적 실존은 유산의 자기전승이다. 자신이 타자와 함께 물려받은 역사적 가능성들을 직시하고, 자신의 고유한 가능성으로 받아들이지 않는다면, 역사적 자기전승은 불가능하다. 타자와 함께 물려받은 가능성들에 대한 숙고와 그 숙고에 근거한 수용이 명료하게 이루어질수록 현존재 자신의 가능성에 대한 이해와 기투 역시 더욱 분명하게 되고, 보다 결연한 역사적 자기전승도 가능하게 된다.

역사적 자기전승은 죽음을 향한 열려있음, 즉 자유를 허용한다. 자유는 현존재에게 주어지는 많은 가능성들 가운데 스스로 하나의 가능성을 선택하게 함으로써, 자신의 '숙명'을 가능케 한다. 이처럼 숙명(Schicksal)은 죽음을 향한 자유 안에서 자기 자신의 가장 본래적인 가능성을 선택한 자에게만 허용된다. 숙명은 자신의 자유의지와 무관하게 외부에서 들어온 강제적인 힘이 아니다. 오히려 숙명은 현존재 자신의 선택이며, 본래적 자기로서의 현존재는 자신의 고유한 숙명으로 존재할 수 있을 뿐이다.[61] 죽음을 향한 선구적 자유 안에서, 자신의 현사실적 상황을 직시할 수 있는 자만이, 즉 자신의 존재를 미래와 과거(게

61) 현존재의 자유는 양면적이다. 수많은 가능성들 가운데 자기 자신의 고유한 역사적 숙명을 스스로 선택할 수 있는 한, 현존재의 자유는 분명히 위대하다. 하지만 현존재의 자유가 우연적인 요소들에 속절없이 노출되어 있는 한, 현존재의 자유는 무력하기 짝이 없다.

베젠하이트로서의 과거, 즉 기재(既在)를 통해 규정할 수 있는 존재만이, 자신의 상황을 숙명으로 받아들일 수 있다. 시간성이 비로소 숙명을 가능케 하는 것이다.

죽음을 향해 선구적으로 결의한 현존재는 자신이 선택한 가능성이 어디에서 비롯된 것인지를 분명하게 알고 있다. 바로 이러한 앎이 전승된 가능성의 '반복'을 가능케 한다. 반복은 - 단순한 답습이 아니라 - 과거에 존재했던 역사적 가능성에 대한 명료한 의식 안에서 이루어진 전승이고, 이러한 역사적 가능성으로의 의식적 회귀이다. 죽음을 향한 선구적 결의성이 결여되어 있는 자에게 이러한 전승, 즉 반복은 결코 가능할 수 없다.

이러한 의미의 역사적 전승, 즉 반복은 과거에 존재했었던 어떤 존재의 단순한 모방이 아니다. 그것은 결코 과거의 단순한 반복으로서의 답습이 아니다. 진정한 반복은 단순한 퇴행과는 전혀 다른 것이다. 진정한 반복은 아직 은폐되어 있는 미래의 가능성에 대한 기투를 통해서만 가능한 것이기 때문이다. 진정한 반복은 기투를 통해서 과거의 실현되지 못한 가능성을 실현 가능성의 열린 장 안으로 데려오는 것이기에, 이러한 반복은 반드시 새로운 변화를 불러일으키고, 과거의 극복을 가능케 한다.

하이데거의 새로운 존재사유는 분명히 전통 철학의 반복의 형태로 이루어진다. 그러나 - 앞에서 말한 대로 -

이 반복은 전통 철학의 단순한 답습이 아니라, 철학의 시원에서부터 사유되지 못한 채 잠들어 있는 가능성을 일깨우고, 그 한계를 극복하려는 시도로서의 반복이다. 이러한 반복은 "오늘날 '과거'로서 영향을 미치고 있는 것의 파괴"(386)와 새로운 해석 가능성의 창출로서 나타난다.[62) 이런 태도를 취하는 것이야말로 하이데거가 말한 역사적 실존의 참된 의미이다.

10.2. 살아있는 과거

통속적 역사 이해에 따르면 역사는 언제나 과거의 지나간 사건들의 기록일 뿐이다. 이러한 역사는 두 가지로 구별될 수 있다. 하나는 일어난 사건(res gestae), 다른 하나는 이렇게 일어난 사건에 대한 이야기 혹은 보고(historia rerum gestarum). '과거' 역시 두 가지 의미를

---

62) 전통 철학의 이러한 파괴는 가다머가 말하는 이른바 '영향사적' 고찰과 구별되어야 한다. 왜냐하면 전통 철학에 대한 하이데거의 해석은 단순히 과거의 철학이 현대에 이르러 어떤 영향을 끼치고 있는지를 묻는 것이 아니라, 과거의 철학 안에 은폐된 가능성을 새롭게 열어주고, 그 가능성의 기원과 한계를 드러내고자 하는 시도이기 때문이다.

가진다. 한편으로 과거는 더 이상 존재하지 않는 것을 의미하는가 하면, 다른 한편으로 - 예컨대 그리스 신전의 잔해처럼 - '지금'을 의미할 수 있다. 말하자면 역사는 지나간 것(과거) 자체를 가리킬 수도 있고, 그것의 전승을 가리킬 수도 있다. 이런 의미에서 역사는 과거, 현재, 미래를 관통해서 흐르는 영향 관계를 명명한다. 말하자면 앞에서 말한 바 있는 역사 이해는 - 역사는 언제나 과거의 지나간 사건들의 기록일 뿐이라는 역사 이해 - 틀린 것이다. 역사는 오히려 "시간 안에서 일어나는 특수한, 실존하는 현존재의 생기"(379)이며, "타자와의 함께-있음 속에서 '지나간 것'과 동시에 '전승되어' 존속하는 생기"(379)이다.

이러한 역사 개념 안에는 역사 생성의 주체가 인간이라는 전제가 포함되어 있다. 인간의 주체성은 역사에 대해서 우선권을 가진다. 우선 (행위)주체가 있고, 그 다음에 역사가 존재한다. "오직 현존재가 반드시 역사적이기 때문에만, 도대체 생기와 사건과 같은 것들이 존재한다"(379) 어떤 것을 생기로서 확인하는 것은 - 그 안에서 생기가 이루어지는 바 - 역사를 이미 전제한다.

그렇다면 현존재의 역사성 안에서 과거가 우선권을 소유하는 일이 어디에서 비롯되느냐는 물음에 대한 대답이 가능하다. 현존재가 '역사적으로' 존재하는 것이라면, 역사성은 현존재 자신의 구조에서 도출될 수 있어야만 한다. 이를 위해서는 먼저 우리가 과거에 대해 말할 때 도대체 무엇을 염두에 두고 있는지가 설명되어야 한다. 도대체 무엇이 지나가는가? 사물? 전재자? 박물관에서 우리는 전시되어 있는 많은 것들을 볼 수 있다. 그것들은 분명히 '지금' 존재하고 있다. 분명히 전재자는 그 자체 현재적이다. 용재자 역시 지나간 게 아니다. 도구적 존재자는 역시 현재적인 것으로 생각 가능하다. 그럼에도 불구하고 전재자에는 지금 더 이상 존재하지 않는 어떤 것이 있다. 즉 그것들이 그 안에서 도구로서 만나질 수 있었던 바 세계가 더 이상 존재하지 않는다. 박물관에서 전시물은 세계 내부적인 것으로서 만날 수 없다. 왜냐하면 그것들이 그 안에서 기능을 가졌던 바 그 세계가 더 이상 현재적이지 않기 때문이다. 그러나 박물관의 전시물들은 그럼에도 불구하고 우리의 세계 안에 세계 내부적으로 존재한다. 물론 그러나 단지 전시물로서일 뿐이다. 따라서 그것들은 전혀 다른 존재론적 위상을 가지고 있으며, 그것들은 용재자가 아니라, 과거의 '증언자들'이다. 이제 정확하게 파악될 수 있는, 즉 그것들은 한때 존재했었던 현존재의 증언자들이다.(380) 현존재 자신은 결코 지나간 '과거'일 수 없다. 정체를 확인할 수 없어서가 아니라, 현존재는 본질적으로 결코 전재적일 수 없기 때문이다. 더 이상 실존하지 않는 현존재는 따라서 지나간 과거(Vergangenheit)가 아니라, 살아있는 과거(Gewesenheit)이다.

역사의 성격은 한때 존재했던 현존재의 귀속성 및 도래와 관계한다. 그러나 현존재는 언제나 이미 '과거적'이다. 자신의 현상학적 구조상 현존재는 결코 순전히 새로 시작할 수 없다. 우리는 우리의 현존재의 시작에 대한 어떤 경험도 가지고 있지 않고, 어떤 의미에서 우리는 우리의 태어남과 무관하다. 그러나 현존재의 과거, 그의 '이미 ..안에-있음'은 현존재의 시간성 안에 그 기초를 가진다. 세계로의 그 귀속성을 근거해서만 어떤 것은 도대체 역사적일 수 있다. 그러나 세계는 현존재의 계기이다. 현존재 없이는 세계도 없다. 현존재는 오직 그것이 시간적임을 통해서만 이미 역사적이다. 박물관에 있는 사물들 혹은 아르키브에 보관된 자료들도, 그것들이 사용사태 맥락을 가졌던 한에서만, 즉 세계 안에 존립했었고, 현존재에게 속했던 한에서만 역사적이다. 이런 의미에서 현존재는 역사적으로 실존한다.

10.3. 숙명과 운명

현존재의 역사성에 대한 해석은 본래적 현존재의 시간성에 대한 구체적 해명 이외의 다른 것이 아니다. 본래적 현존재의 시간성은 『존재와 시간』 2부 1장~4장에서 선구적 결의성으로서, 책임을 향한 자기-기투, 상황의 결연한 수용으로서 특징지어진 바 있다. 그렇다면 현존재는 구체적으로 무엇을 위해 결의하는가? 이것은 실존론적 분석을 통해서는 설명될 수 없다. 왜냐하면 여기서는 현존재의 자유가 관건이기 때문이다. 현존재는 자신의 고유한 가능성들을 포착하거나 아니면 그것을 놓치거나 할 자유를 가지고 있다. 각 현존재의 고유한 가능성들이 무엇인가에 대한 일반적 규정은 당연히 불가능하다. 그러나 비록 현존재가 고유한 가능성들을 개시할지라도 이것들은 이미 주어져 있는 것이다. 즉 현존재 자신이 만들어낸 것이 아니다. 그렇다면 이 가능성들은 어디에서 오는가?

삶의 종말인 죽음을 향해 존재한다는 사실로부터 가능성들 자체가 저절로 획득되는 것은 아니다. 단지 존재의 본래적인 가능성들을 비본래적 가능성들로부터 구별해내도록 하는 기준을 획득할 뿐이다. 현존재의 현사실적 가능성들을 현존재는 유산에서 얻는다. 유산은 역사적으로 실존하는 현존재 자신의 유산이다. 그러한 것으로서 전승되는 현존재 가능성들에 대한 유산은 필연적으로 현존재에게 속해 있다. 유산은 실존범주이다. 이러한 유산 없이는 현존재의 실존 자체가 가능할 수 없다.

그러나 현존재는 존재가능으로 존재하는데 어떻게 전

승될 수 있는 것일까? 분명히 가능성들은 집이나 보석, 주식처럼 전승될 수 없다. 가능성의 전승을 가능케 하는 것은 바로 자신의 유한성을 수용하고, 그럼으로써 가능성을 자신의 숙명으로 받아들이는 것이다. "실존의 포착된 유한성은 편안함, 안일함, 비겁함 등 우선 접하는 가능성들의 다양성으로부터 현존재를 벗어나게 하여, 자신의 '숙명'의 단순성으로 데려간다."(384)

숙명 개념과 함께 우리는 드디어 현존재의 '본래적인' 역사성을 이해할 수 있는 실마리를 획득한다. 하이데거가 말하는 숙명은 단순한 운명론 내지 결정론이 아니다. 왜냐하면 그가 말하는 숙명은 그것에 응하거나 응하지 않을 수 있기 때문이다. 숙명은 현존재의 결의성을 미리 결정하지 않는다. 나는 숙명의 부름을 나의 것으로 받아들일 수도 있고, 거부할 수도 있다. 숙명은 가능성으로서 나에게 '전승된 것', 나에게 '보내진 것'이다. 그렇기 때문에 그것을 나 자신의 고유한 가능성으로 만들기 위해서는 의지를 가지고 선택해야 한다. 나의 유한성에 대한 자각 안에서 이루어진 결연한 선택을 통해서 비로소 나는 나에게 전승된 가능성을 나의 '숙명'으로 만들 수 있다.

여기서 하이데거는 자유가 인간에게 부여하는 위대

함(Übermacht)에 대해 말한다.[63] 인간의 위대함은 그가 자신의 유한성과 그로 말미암는 무력을 스스로 받아들인다는 사실을 통해서 성립한다. 또한 이 지점에서 타자와의 함께 - 있음의 차원이 - 물론 매우 절제된 형태이긴 하지만 - 언급된다. 하이데거는 말한다. "그러나 숙명적 현존재는 세계-내-존재로서 본질적으로 타자와의 함께-있음에서 실존한다면 현존재의 생기는 공동생기이고, '운명'(Geschick)으로 규정된다. 이 말과 함께 우리는 공동체의, 즉 민족의 생기를 가리킨다."(384) 개인에게 숙명적인 것이, 공동체에게는 운명이다. 그러나 공동체의 운명은 개인적 숙명의 단순한 집합이 아니다. 이것은 타자와의 함께-있음이 여러 주체들의 단순한 집합이 아닌 것과 같다.[64] '함께-있음'의 두 가지 방식인 나눔과 싸움 속에서 - 전자는 결합, 후자는 분리 - "운명의 힘은 비로소 자유로워진다."(384)

---

63) 필자가 보기에 이러한 생각은 파스칼과 니체가 하이데거에게 남긴 철학적 '유산'이다.

64) 개인의 숙명(Schicksal)과 공동체의 운명(Geschick)의 관계는 개별적인 산(Berg)과 산의 집합체, 즉 산맥(Gebirge)의 관계에 비유해서 이해해 보는 것도 좋을 것이다. 개별적인 여러 개의 산을 단순히 합쳐놓는다고 저절로 산맥이 형성되는 것은 아니듯, 개인적 숙명의 단순한 무더기가 공동체의 운명은 아니다.

1. 전회

2. 철학

3. 허무

4. 권태

『존재와 시간』 이후

『존재와 시간』 이후

1. 전회

하이데거는 시종일관 존재의 의미에 대해 물었다. 이 물음에 대한 대답을 얻기 위한 방법은, 존재의 의미에 대한 형이상학적 해석의 역사를 파괴하고 해체하는 것이다. 이러한 파괴와 해체가 노리는 것은 물론 존재의 의미를 '다시' 해명하는 것이다. 그 결과 존재의 의미에 대한 형이상학적 해석의 핵심이 현전성에 있음이 밝혀진다.

이 사실은 그리스적 존재이해에 대한 해석을 통해 입증될 수 있다. 존재가 현전성으로 이해된다는 것은 존재이해의 기준이 언제나 '현재'였음을 의미한다. '현재'는 그 자체가 시간적 규정이다. 그러므로 존재의 의미에 대한 사유는 동시에 존재와 시간의 관계에 대한 물음일 수밖에 없게 된다.

그렇다면 존재의 의미와 관련하여 문제되는 이 시간은 어떤 시간인가? 하이데거가 존재의 의미와 관련하여 문제 삼는 시간은 형이상학적 관점에서 이해된 시간, 즉 현재의 연속으로서의 시간이 아니다. 그렇기 때문에 하이데거는 존재의 의미에 대한 물음을 위해서 기존의 형이상학적 시간 개념과는 다른 방식으로 시간을 이해할 필요성을 느꼈다. 시간에 대한 이러한 새로운 방식의 접근은 『존재와 시간』에서 현존재의 존재의미로서의 시간성에 대한 분석을 통해 이루어진다.[65] 그 결과 현존재의 시간성의 본질은 그것의 탈자성에 존립한다는 사실이 밝혀지게 된다.[66]

---

65) 그러나 현존재의 존재의미로서의 시간성 해명은 아직 존재 일반의 지평으로서의 시간 해명은 아니다.

66) 시간이 현재의 연속이 아니라 존재이해 자체의 지평이라면, 철학의 역사를 바라보는 관점 역시 근본적으로 달라지지 않을 수 없게 된다. 하이데거가 보기에 철학사는 존재의미에 대한 이해의 역사적 변천 과정인 동시에 존재가 자신의 모습을 감추는 은폐의 역사이기도 하다. 왜냐하면 존재는 자신의 모습을 드러내는 동시에 자신의 모습을 숨기기 때문이다.

그러나 여기서 주목할 것은, 현존재의 시간성으로부터 존재 일반의 이해 지평으로서의 시간으로 나아가는 직선적 통로는 존재하지 않는다는 사실이다. 잘 알려져 있다시피 하이데거는 원래 『존재와 시간』 미간행 부분에서 - 결국 이 부분은 끝까지 미간행 상태로 남는다 - 현존재의 시간성으로부터 존재 일반의 의미를 규정하고자 했었다. 이러한 의도와 계획은 『존재와 시간』의 간행된 부분의 마지막 장(§83)에서 분명히 확인된다. "따라서 탈자적 시간성 자신의 근원적 시숙 방식이 존재 일반의 탈자적 기투를 가능하게 하지 않으면 안 된다."(437)

이러한 시도는 『존재와 시간』 출간 후에 「근거의 본질에 관하여」(1929)라는 논문에서 현존재의 '초월'(Transzendenz) 개념에 대한 분석을 통해 이루어진다. 현존재의 초월이 존재 일반의 개방성의 근거임을 보여주고자 한 것이다. 그러나 이러한 시도에도 불구하고 현존재의 시간성으로부터 존재 일반의 의미를 규정하려는 하이데거의 원래 의도는 실패로 돌아가고 만다. 이러한 실패를 인정함과 동시에 하이데거는 물음의 방향을 역전시키게 된다. 존재 일반의 의미가 현존재의 초월 안에 그 근거를 가지고 있는 게 아니라, 오히려 존재 자체의 개방성 안에 존재에 대한 현존재의 개방성이 근거를 가지고 있는 게 아닌가?

바로 이 물음과 함께 하이데거의 그 유명한 전회(Kehre)가 일어난다. 현존재의 실존론적 분석론은 이제 과도기적인 것, 극복되어야 할 것으로 규정된다. 왜냐하면 현존재의 탈자적 시간성을 통해 존재 일반의 의미를 규정하려는 시도는 불가능하다는 사실이 밝혀졌기 때문이다. 이제 하이데거는 '존재의 의미'(Sinn von Sein) 대신 '존재의 진리'(Wahrheit des Seins)에 대해 말하기 시작한다. 그러나 '진리'라는 말이 판단의 옳음으로서의 명제적 진리를 자꾸 떠올리게 할 수 있기에 하이데거는 '존재의 진리'라는 말 대신 '존재의 개방성'(Lichtung des Seins)이라는 말을 즐겨 쓰게 된다.

이러한 언어적 표현의 변화가 자신의 사유의 전회와 얼마나 밀접한 관계를 맺고 있는지는 훗날 하이데거가 과거를 돌이켜 보면서 남긴 발언에서 분명하게 확인할 수 있다. "[나는] 존재의 진리를 위해 존재의 의미라는 말을 포기했다. 그럼으로써『존재와 시간』에 나오는 존재의 개방성 앞에 선 현존재의 개방성보다 존재 자체의 개방성(Offenheit des Seins selbst)을 좀 더 강조하고 싶었다."[67] 존재에 대한 현존재의 개방성으로부터 존재 자체의

67) 전집 15, 345쪽.

개방성으로의 이러한 강조의 변화가 바로 『존재와 시간』 이후 하이데거가 걸어간 사유의 길에서 일어난 전회의 핵심이다. 이 전회를 통해 하이데거의 사유는 『존재와 시간』에서보다 더욱 분명하게 존재 자체를 향하게 된다. 이른바 '후기 하이데거'의 존재사유는 이러한 사유의 방향 전환의 자연스러운 결과인 것이다.

2. 철학

『존재와 시간』 이후 하이데거의 철학적 사유는 새로운 단계로 접어들게 된다. 이전에 다루지 않았던 주제를 다루기 시작한다. 예컨대 예술과 예술작품을 집중적으로 다루는가 하면, 현존재 분석에서 언급은 되지만 큰 비중을 차지하지 못했던 주제들을 다루기도 한다. 그럼에도 불구하고 우리는 1927년 이후에 전개된 하이데거의 사유를 『존재와 시간』에 대한 단순한 대립 구도 속에서 보거나, 심지어 단절로 봐서는 안 된다. 왜냐하면 이 시기의 사유는 『존재와 시간』에서 하이데거가 구상했던 철학적 프로그램을 더욱 더 철저하게 밀고나간 결과라고 봐야하기 때문이다. 즉 『존재와 시간』이 출간된 1927년 이후 1930년대 초반 사이의 시기에 이르러 하이데거가 자주 언급하는 개념들은 - 예컨대 무(無), 근거, 진리, 자유 등 - 『존재와 시간』 안에 이미 포함되어 있었던 것들이다.[68)]

하이데거는 『존재와 시간』에 포함되어 있던 사유의 단초들을 포기하기는커녕, 그 이후 더욱 심화시켜 나간다.[69)] 철학에 대한 이해 역시 마찬가지다. 하이데거의 생각에 따르면, 철학은 어떤 특정 학문분과가 아니다. 철학은 단순한 학문분과가 아니라 '철학함' 자체를 의미하

---

68) '전회'의 문제는 결국 "『존재와 시간』과 그 이후에 전개된 하이데거의 사유 간의 관계"(Dieter Thomä, "Kehre. Was wäre, wenn es sie nicht gäbe?", in: D. Thomä [Hrsg.], *Heidegger Handbuch. Leben-Werk-Wirkung*, Stuttgart 2003, 134-140, 135쪽.)를 어떻게 볼 것이냐 하는 것이다. 하이데거 스스로 인정하듯이, 『존재와 시간』에서 『시간과 존재』로의 이행 안에 "반전"(Umkehrung)이 숨어 있음은 부인할 수 없는 사실이다. 하지만 이러한 반전이 『존재와 시간』에서 취했던 관점의 단순한 포기로 이해되어서는 안 된다.(전집 9, 328쪽 참조)

69) 이러한 논의는 상당 부분 '자기해석'의 형태로 나타나는데, 그 까닭은 『존재와 시간』이 실존주의적 인간학으로 오해되었다는 전제하에, 그 오해를 불식시킬 필요성을 느꼈기 때문이다. 물론 『존재와 시간』에서 시도된 기초존재론이 실존주의적 인간학으로 오해받게 된 것은 그것이 가지고 있는 애매함과 미완성 탓이긴 하지만, 어쨌든 이러한 인간학적 오해는 하이데거를 큰 당혹감에 빠뜨렸고, 이러한 당혹감은 하이데거로 하여금 그 이후의 여러 강의와 강연, 그리고 저술에서 『존재와 시간』의 과제에 대해 거듭 해명하지 않을 수 없도록 만들었던 것이다.

고[70], '철학함'은 분명한 성향으로서 현존재 내부에서 언제나 이미 활동 중이다. 그러나 철학함의 성향이 이미 주어져 있고, 언제나 활동 중이라고 해서, 아무나 철학함을 삶 속에서 의식적으로, 명료하게 수행한다는 말은 아니다. 바로 여기에서 우리는 철학함의 '각성' 문제와 마주치게 된다. 무엇이 철학함을 활성화 시키는가? 철학함의 가능성은 무엇에 의해 실현되는가?[71]

하이데거에게 철학은 인간의 조건(conditio humana), 인간의 인간다움 그 자체이다. "인간 현존재 자체가 철학이다. 실존한다는 것은 곧 철학한다는 것이다. 현존재는 철학한다. 왜냐하면 그는 초월하는 존재이기 때문이다."[72] 이런 의미에서 철학함은 인간의 "근원행

---

70) 이에 대해서는 졸고 참조. 이유택, 「하이데거에서의 철학과 철학함의 의미」, 『철학논총』, 제20집, 2000, 271-306쪽.

71) 철학교육의 목표는 철학함의 가능성 실현을 위한 노력에 놓여 있다. 특히 교양 교과목으로 개설되는 철학의 경우, 전공지식의 전달이 아닌, 일반 학생들 내부에 주어져 있는 철학함의 가능성을 일깨우는 데 주력해야 한다. 이런 의미에서 철학의 각성과 관련된 하이데거의 입장은 교양 철학의 영역에서 시사하는 바가 적지 않다.

72) 전집 27, 214쪽. "현존재는 [...] 더 이상 일상적인 존재로서 철학과 다른 것이 아니라, 그 자체 본질적으로 이미 철학적이다."(G. Figal, *Martin Heidegger zur Einführung*, Hamburg, 1992, 93쪽.)

위"(Urhandlung)[73]이며, "인간 존재의 근본양식"이다.[74] 그러나 인간 현존재의 본질에 이처럼 철학함이 근원적으로 속해 있다고 해서 누구나 철학을 의식적으로 수행하는 것은 아니다. 왜냐하면 철학함은 가장 인간적이고 근원적인 활동이지만, 모든 인간이 동일한 방식으로 자신의 철학적 본질을 의식하고 수용할 수 있는 것은 아니기 때문이다. 철학함의 정도와 방식도 여러 가지로 나타난다. "인간 존재는 여러 가지 가능성들과 깨어있음의 여러 단계를 가지고" 있고, 따라서 "인간은 여러 가지 방식으로 철학 안에 서 있을 수" 있기 때문이다.[75]

철학의 일차적 목표는 인간의 '자기인식'이다. 세계에 대한 객관적, 과학적 지식 획득보다 더 중요한 것은 자기 자신에 대한 인식이다. 이 점에 있어서 하이데거는 '너 자신을 알라'고 했던 소크라테스적 전통을 충실하게 따르고 있다. "너 자신을 알라. 네가 누구인지를 인식하라. 그리고 네가 인식한 너로 존재하라. 인간 안의 인간성에 대한 인식으로서 이러한 자기인식이 철학이다. 이런 의미의 철학

73) 전집 27, 221쪽.

74) 전집 36/37, 182쪽.

75) 전집 27, 3쪽.

은 심리학, 정신분석, 도덕과는 매우 다른 것이다."[76]

3. 허무

그렇다면 이러한 자기인식으로서의 철학함을 각성시키는 것은 무엇일까? 인간 안에 잠들어 있는 철학함의 가능성을 흔들어 깨우는 것은 무엇인가? 그것은 바로 현존재의 존재를 본질적으로 규정하고 있는 "총체적 허무"[77]에 대한 경험이다. 『형이상학의 근본개념들』에서 하이데거는 이러한 허무의 경험이 가지고 있는 각성적 성격에 대해 말하고 있다. 여기서 하이데거는 철학의 특성을 노발리스의 표현을 빌려 고향을 향한 그리움, 즉 "향수"[78]로 규정한다. 인간 현존재는 실존하는 한, 언제나 이미 철학을 하고 있다. 하지만 이 사실은 역설적으로 인간이 처음부터 실향 상태에 놓여 있다는 사실을 보여준다. 인간이 처음부터 고향을 떠나 있지 않다면, 향수 자체가 불가

76) 전집 27, 11쪽 이하. "우리는 우리가 누구인지를 물음으로써 우리를 찾는다."(전집 36/37, 4쪽.)

77) 전집 27, 12쪽.

78) 전집 29/30, 7쪽.

능할 것이고, 따라서 철학함도 불필요할 것이다. 이렇게 놓고 보자면, 철학의 각성을 가능케 하는 '총체적 허무'에 대한 경험은 동시에 인간이 처해있는 고향상실, 즉 실향(Heimatlosigkeit)에 대한 경험이기도 하다. 결국 철학은 잃어버린 고향을 찾아나서는 시도인 셈이다.[79]

'총체적 허무'와 그것에 대한 경험이 철학의 각성을 가능케 한다고 보는 하이데거에게서 허무주의(Nihilismus)의 냄새를 맡지 못한다면 그게 오히려 이상할 것이다. 허무주의가 구속력 있는 어떤 의미나 가치도 인정하지 않는 사유방식 혹은 태도를 말하는 것이라면, 하이데거의 철학을 일종의 허무주의로 규정하는 것은 당연한 것처럼 보일 수도 있다. 이러한 추측을 뒷받침이라도 하듯이, 하이데거는 도처에서 '무'(Nichts)에 대해서 언급하면서도, 우리의 삶에 의미와 질서를 부여해 주는 도덕적 가치나 규범에 대해서는 이상하리만치 침묵하고 있다.

그러나 여기서 우리는 하이데거의 철학적 관심사가 애당초 도덕적인 것과는 근본적으로 다른 것임을 상기해야 한다. 적어도 필자가 보기에 하이데거의 철학은 - 그런

---

79) 하이데거가 가졌던 '기술'에 대한 철학적 관심은 인간이 처해있는 이러한 고향상실에 대한 통찰에서 비롯된 것이다. 즉 하이데거는 인간의 실향적 상황이 '기술문명'에 의해 은폐되어 있다고 본다.

인상을 주기는 하지만 - 통상적 의미의 허무주의나 염세주의와는 거리가 멀다. 실제로 하이데거는 그의 철학적 사유와 허무주의를 구별 짓고자 했다.[80] 하이데거가 허무와 철학을 관계 짓는 것은 인간의 삶을 염세적으로 이해해서가 아니다. 허무에 대한 하이데거의 철학적 관심과 언급은 인간 현존재의 유한성에 대한 통찰에서 비롯되었을 뿐이다. 즉 "현-존재는 무 안에 들어가 있음"[81] 이기 때문이다.

'가치'에 대한 하이데거의 거리두기 역시 단순한 허무주의와는 무관하다.[82] 절대적 의미 혹은 가치에 대한 하이

80) '무'에 대한 언급과 관심이 허무주의로 오해되어서는 안 된다는 강조에 관해서는 전집 9, 115쪽.(각주 a.) 참조. "현-존재는 무 안에 들어가 있음을 의미한다. 그러나 이로부터 모든 것이 무라는 사실이 도출되지는 않는다. 오히려 거꾸로 무 안에 들어가 있기 때문에, 오히려 현존재는 존재자와 존재, 그리고 유한성을 수용하고 인지한다."

81) 전집 9, 115쪽.

82) 이 점과 관련하여 『휴머니즘에 관한 편지』에서 하이데거는 이렇게 말하고 있다. "'가치'에 반대하는 사유라고 해서 사람들이 '가치'라고 설명하는 모든 것을 - '문화', '예술', '학문', '세계', '신' - 가치 없다고 주장하는 것은 아니다. (...) 그러므로 가치에 반대해서 사유한다는 것은 존재자의 무가치와 허무를 위해 북을 두드린다는 것이 아니라, 존재자를 단순한 객관으로 주관화하는 것에 반대하여 존재의 진리의 열린 장(개방성, Lichtung)을 사유 앞으로 가져옴을 의미한다."(전집 9, 349쪽)

데거의 부정적 평가는 진리에 대한 그의 독특한 이해에서 비롯된 것이다. 즉 절대적 가치에 대한 하이데거의 거부는 영원한 진리에 대한 거부의 연장선상에서 이해되어야 하며, 싸구려 허무주의로 오해 되어서는 안 된다.

『형이상학이란 무엇인가?』에서 하이데거는 현존재에 대해서 허무가 가지는 중요성을 강조하고 있다. 무(無)는 하이데거에게 비존재자를 의미한다. 무는 존재자도 아니고 어떤 대상도 아니다. 무는 어떤 식으로도 규정될 수 없는 것, 무규정자이다. 무는 이처럼 무규정적이기 때문에 그것에 대한 어떤 이론적인 고찰도 가능할 수 없다. 즉 무는 오직 불안을 통해서만 접근 가능하다. "이런 일은 - 매우 드물기는 하지만 - 오직 불안의 근본기분 안에서만 순간적으로 일어날 수 있으며, 실제로 일어난다."[83)]

불안의 근본기분 안에서 무가 출현한다. 무와 조우한 현존재는 불안정 속에 빠진다. 그런데 이러한 불안정 속에서 존재자는 현존재에게 있는 그대로의 모습을 드러내게 된다. "불안이라는 무의 밝은 밤에, '그것은 존재자이지 무가 아니다'라고 하는, 존재자의 근원적인 개방성이 비로소

83) 전집 9, 111쪽.

발생한다."[84]

이러한 논의와 함께 분명해지는 사실은, 하이데거가 '인간은 무 안에 들어가 있다'는 말을 할 때 무엇을 염두에 두었느냐 하는 것이다. 그것은 바로 철학(형이상학)의 근원에 대한 해명이다. 이것은 동시에 인간의 본질 해명이기도 하다. 왜냐하면 적어도 하이데거의 관점에서는 인간으로 존재한다는 것은 이미 본질적으로 철학함을 의미하기 때문이다. 다시 말해서 철학함의 태도가 그 밖의 다른 삶의 태도들과 구분되는 것은, 철학은 존재자가 아니라, 무로부터 출발하기 때문이다. 인간은 "무의 자리지기"(Platzhalter des Nichts)[85]라는 하이데거의 유명한 표현은 결국 "인간이 (...) 존재자와는 전혀 다른 것에게 자리를 열어 줌으로써, 이러한 열린 자리 안에 현존(존재)과 같은 것이 있을 수 있게 된다"는 것을 의미한다.[86]

무 안에 머물러 있다는 것은, 영원하고 절대적인 가치를 표방하는 모든 도덕률 혹은 이데올로기 아래에 서 있기를 거부하고, 힘들지만 굳건하고 의연하게 - 마치 시지

84) 전집 9, 114쪽.

85) 전집 9, 118쪽.

86) 전집 9, 419쪽.

포스가 바위 를 밀어 올리듯이 - 개방성을 견지하는 태도를 말한다. 이렇게 하이데거는 인간의 자유와 존재근거를 무에서 찾아낸다. "무의 근원적 개방성 없이는 어떤 자기 존재도, 어떤 자유도 가능할 수 없다."[87)]

무에 대한 하이데거의 사유는 존재와 진리의 이해 방식에도 커다란 변화를 야기한다. "존재 자체는 그 본질에 있어서 유한하며 무 안에 들어가 있는 현존재의 초월을 통해서만 개시된다."[88)] 존재의 본질이 역사적으로, 즉 시간의 지평 위에서 구성된다는 하이데거의 생각은, 영원한 현재성을 참된 존재의 본질적 특징으로 여겼던 전통적인 존재 이해와는 근본적으로 다른 것이다.

4. 권태

철학함은 하이데거에게 섬뜩함 속에서도 당황하지 않고 의연하게 존재한다는 것을 의미한다. 여기서 하이데거가 말하는 섬뜩함(Unheimlichkeit)은 『존재와 시간』에서

87) 전집 9, 115쪽.

88) 전집 9, 120쪽.

말한 바 있는 피투성에서 비롯된다. 내가 아무런 이유도 없이 이 세계 안에 던져졌다는 사실에 대한 자각, 이 세상에 아무런 이유도 없이 왔다가 또 아무런 이유도 없이 가야만 한다는 사실(죽음의 확실성), 이 모든 것을 관장하는 존재가 없다는 사실, 무엇보다도 이 모든 것이 존재해야 할 아무런 이유도 없다는 사실, 도대체 이 모든 것이 없지 않고, 어찌하여 반드시 있어야만 하는 것인지에 대한 대답을 찾을 수 없다는 사실, 이 모든 사실에서 섬뜩함을 느끼지 못한다면 그것이 오히려 이상하지 않은가?

앞에서 언급했듯이 철학함의 활성화를 위해서는 각성이 필요하다. 하이데거에 의하면 철학함의 각성은 '근본기분'(Grundstimmung)을 통해 이루어진다. 『존재와 시간』에서 이 근본기분이 '불안'이었다면, 『존재와 시간』 이후 『형이상학의 근본개념들』에서는 '권태'로 규정된다. 불안과 마찬가지로 권태 역시 실존의 덧없음과 섬뜩함을 드러내는 기능을 수행하기 때문이다.[89)]

권태에서 중요한 것은 - 일반적으로 사람들이 생각하는 것과는 달리 - 따분함이 아니라, 세계에 대한 무심함이

---

89) 권태의 의미와 기능에 대한 본격적인 고찰은 『형이상학의 근본개념들』에서 이루어진다. 하지만 하이데거는 그의 교수취임강연인 『형이상학이란 무엇인가?』에서도 이미 권태에 대해 언급한 바 있다.

다. 왜냐하면 세계에 대한 무심함, 즉 권태가 현존재에게 섬뜩함을 선사하기 때문이다. 그리고 이 섬뜩함의 느낌은 마침내 "인간 안에 있는 현존재의 해방"[90]을 가능하게 한다. 이처럼 권태는 '인간 안에 있는 현존재'의 해방, 즉 인간 내면에 잠들어 있는 철학함의 가능성을 흔들어 깨우는 각성 기능을 가지고 있다. 권태의 근본기분 없이는 "개념적 물음의 냉철함"[91], 즉 철학함도 존재하지 않는다.

---

90) 전집 29/30, 255쪽. 이미 『칸트와 형이상학의 문제』에서 하이데거는 "인간 안에 있는 현존재"(Dasein im Menschen)라는 표현을 쓴 적이 있다. 이러한 표현을 통해서 하이데거가 말하고자 하는 것은, 인간은 현-존재(Da-sein)라는 것, 즉 인간은 그 안에서 존재가 드러나는 장소로서의 '거기'(Da)를 본질로 하는 존재라는 것이다.

91) 전집 29/30, 258쪽.

- 『존재와 시간』 국내 번역본
- 국외문헌
- 국내문헌
- 더 읽어볼 책들

참고문헌

참고문헌

『존재와 시간』 국내 번역본

하이데거, M., 『존재와 시간』, 소광희 옮김, 경문사, 1995.

__________, 『존재와 시간』, 이기상 옮김, 까치, 1998.

국외문헌

Figal, G., *Martin Heidegger zur Einführung*, Hamburg, 1992.

Heidegger, M.,“Brief über den Humanismus”, in: *Wegmarken*, Frankfurt a. M. 1992. (= 전집 9)

__________, “Was ist Metaphysik?”, in: *Wegmarken*, Frankfurt a. M. 1992. (= 전집 9)

_________, "Zur Seinsfrage", in: *Wegmarken*, Frankfurt a. M. 1992. (= 전집 9)

_________, *Die Grundbegriffe der Metaphysik*, Frankfurt a. M. 1983. (= 전집 29/30)

_________, *Die Grundprobleme der Phänomenologie*, Frankfurt a. M. 1975. (= 전집 24)

_________, *Einleitung in die Philosophie*, Frankfurt a. M. 1996. (= 전집 27)

_________, *Sein und Zeit*, 17. Aufl., Tübingen, 1993.

_________, *Seminare*, Frankfurt a. M. 2005, (= 전집 15)

_________, *Vom Wesen der Wahrheit*, Frankfurt a. M. 2001. (= 전집 36/37)

Herrmann. F. -W. von, *Subjekt und Dasein. Interpretationen zu「Sein und Zeit」*, Frankfurt, 1974.

Maraldo, John C., *Der hermeneutische Zirkel. Untersuchungen zu Schleiermacher, Dilthey und Heidegger*, Freiburg/München, 1974.

Rentsch, T.(Hrsg.), *Sein und Zeit*, Berlin, 2007.

Scheler, M., *Der Formalismus in der Ethik und die materiale Wertethik, Jahrbuch für Philosophie und phänomenologische Forschung*, Halle, 1916.

Stephen, M., *Heidegger and Being and Time*, London and

New York, 1996.
Thomä, D., "Kehre. Was wäre, wenn es sie nicht gäbe?", in: D. Thomä [Hrsg.], *Heidegger Handbuch. Leben-Werk-Wirkung*, Stuttgart, 2003.

국내문헌

김동규, 「시가 아름다운 이유: 하이데거 詩論을 중심으로」, 『현대유럽철학연구』, 제31집, 2013, 103-132.
______, 「하이데거 철학의 멜랑콜리」, 『현대유럽철학연구』, 제19집, 2009, 83-122.
박찬국, 「초기 하이데거의 불안 개념에 대한 비판적 고찰: 하이데거의 불안 분석은 얼마나 사태 자체를 드러내는가」, 『가톨릭신학과 사상』, 제62집, 2008, 143-177.
______, 『하이데거와 윤리학』, 철학과현실사, 2002.
서동은, 「사이-존재(Dasein)로서의 인간」, 『현대유럽철학연구』, 제25집, 2011, 171-202.
소광희, 『하이데거 『존재와 시간』 강의』, 문예출판사, 2011.
엄슨, J. O., 『아리스토텔레스의 윤리학』, 장영란 옮김, 서광사, 1996.

에피쿠로스, 『쾌락의 철학』, 조정옥 엮음, 동천사, 1997.

이유택, 「하이데거에서의 철학과 철학함의 의미」, 『철학논총』, 제20집, 2000, 271-306.

______, 「하이데거와 진리 개념의 확대 문제: 투겐트하트와 게트만의 논쟁을 중심으로」, 『현대유럽철학연구』, 46집, 2017, 95-123.

______, 「하이데거의 전통윤리학 비판과 근원윤리학의 이념」, 『하이데거연구』, 제13집, 2006, 129-155.

______, 「하이데거의 존재론적 공간 이해」, 『해석학연구』, 제33집, 2013, 243-274쪽, 243-274.

______, 『행복의 철학』, 계명대학교출판부, 2019.

이은주, 「하이데거에게서 불안과 죽음의 의미」, 『하이데거 연구』, 제15집, 2007, 157-186.

조형국, 「삶과 현존재 그리고 본래성: 하이데거의 불안, 양심, 죽음에 대한 생각을 중심으로」, 『가톨릭신학과 사상』, 제62집, 2008, 115-142.

칸트, I., 『순수이성비판』, 백종현 옮김, 아카넷, 2006.

하이데거, M., 『이정표1』, 신상희 옮김, 한길사, 2005.

더 읽어볼 책들

박찬국, 『하이데거 『존재와 시간』 강독』, 그린비, 2014.

______, 『하이데거의 『존재와 시간』 읽기』, 세창미디어, 2013.

블라트너, W., 『하이데거의 『존재와 시간』 입문』, 한상연 옮김, 서광사, 2012.

이기상, 『존재와 시간: 인간은 죽음을 향한 존재』, 살림, 2008.

이수정, 『하이데거: '존재'와 '시간'』, 철학과현실사, 2020.

헤르만, F. -W. von, 『존재와 시간을 찾아서』, 신상희 옮김, 한길사, 1997.

하이데거 연보

하이데거 연보

1889년 9월 26일	독일 남부 소도시 메스키르히에서 성당지기 아버지 프리드리히 하이데거와 어머니 요한나 켐프 사이에서 삼남매 중 장남으로 태어남.
1903-1909년	인문고등학교(김나지움) 재학.
1909-1911년	프라이부르크 대학교에서 철학, 신학, 자연과학 공부.
1913년	프라이부르크 대학교에서 리케르트 교수 지도하에 박사학위 취득. (「심리학주의에서의 판단에 관한 이론」)

1916년	프라이부르크 대학교에서 교수자격논문 통과 후 교수자격 취득. (「둔스 스코투스의 범주론과 의미론」)
1917년	엘프리데 페트리와 결혼
1922년	마르부르크 대학교 교수 초빙(1928년까지 재직)
1927년	『존재와 시간』 출간
1928년	에드문트 후설의 후임으로 프라이부르크 대학교 철학과 정교수 초빙
1929년	프라이부르크 대학교 교수취임강연 (「형이상학이란 무엇인가?」)
1933년 5월	프라이부르크 대학교 총장으로 선출. 총장취임강연(「독일 대학의 자기주장」
1934년 2월	프라이부르크 대학교 총장 자진 사퇴
1935년	「예술작품의 근원」 강연

1938년	「세계상의 시대」 강연
1940년	「진리에 관한 플라톤의 이론」 강연
1945년	연합군에 의한 강의 금지(1951년까지)
1946년	릴케 기념 강연 「무엇을 위한 시인인가?」
1949년	브레멘 클럽 강연 (「존재하고 있는 것으로의 일별」)
1951년	다름슈타트 강연(「지음, 삶, 사유」, 「인간은 시인으로 산다」)
1951년	교수직 복직
1952년	한 학기 강의 후 63세의 나이로 은퇴
1953년	「니체의 차라투스트라는 누구인가?」, 「과학과 숙고」, 「기술에 대한 물음」 강연
1955년	메스키르히 강연(「내맡김」)

1956년	브레멘 클럽 강연(「근거율」)
1957년	토트나우베르크 강연 (「형이상학의 존재-신학적 구성틀」 프라이부르크 대학 강연(「사유의 근본명제들」)
1958년	프랑스 에-장-프로방스 강연(「헤겔과 그리스인」)
1959년	뮌헨 강연(「언어로의 도상에서」) 하이델베르크 학술원 취임강연 (「횔덜린의 땅과 하늘」)
1962년	처음이자 마지막 그리스 여행
1967년	아테네 강연(「예술의 유래와 사유의 사명」)
1976년	고향 메스키르히에서 임종
1976년 5월 28일	친구이자 제자인 베른하르트 벨테 신부 집전 하에 장례미사 거행

저자 소개

저자 소개

이유택

계명대학교 철학과와 동 대학교 대학원을 졸업하였다. 독일 아우크스부르크 대학교에서 하이데거 연구로 철학박사 학위를 취득하였다. 현재 계명대학교 타불라라사 칼리지 교수로 재직 중이다.

저서로 『행복의 철학』(2019)이 있으며, 2020년 세종도서 학술부문 우수도서로 선정되었다. 역서로는 『기술 의학 윤리: 책임원칙의 실천』(2006년 문화관광부 학술부문 우수도서 선정)이 있고, 논문으로는 「행복과 도덕: 플라톤, 칸트, 니체를 중심으로」,「하이데거와 진리 개념의 확대 문제」,「하이데거의 과학 비판」, 「하이데거의 존재론적 공간 이해」, 「하이데거의 전통 윤리학 비판과 근원윤리학의 이념」, 「철학의 학문성과 하이데거」, 「책임에 관한 철학적 성찰: 레비나스와 요나스를 중심으로」, 「요나스의 미래 윤리와 책임」 등이 있다.